Manuela Thoma-Adofo
Auf dem Weg, den niemand kennt

Manuela Thoma-Adofo

Auf dem Weg,
den niemand kennt

Eine Sterbebegleiterin
mit Herz und Humor erzählt

Kösel

Sollte diese Publikation Links auf Webseiten Dritter enthalten, so übernehmen wir für deren Inhalte keine Haftung, da wir uns diese nicht zu eigen machen, sondern lediglich auf deren Stand zum Zeitpunkt der Erstveröffentlichung verweisen.

Penguin Random House Verlagsgruppe FSC® N001967

2. Auflage 2022
Copyright © 2019 Kösel-Verlag, München,
in der Penguin Random House Verlagsgruppe GmbH,
Neumarkter Str. 28, 81673 München
Umschlag: Weiss Werkstatt München
Umschlagmotiv: © Shutterstock.com (Ginger Art; MarShot)
Satz: Buch-Werkstatt GmbH, Bad Aibling
Druck und Bindung: GGP Media GmbH, Pößneck
Printed in Germany
ISBN 978-3-466-37233-1
www.koesel.de

*Für Angelika Niemandt
und meine wunderbare Katarina,
die beide viel, viel zu früh gegangen sind.*

Inhalt

Vorwort 11

Wie alles begann. 13
Eine Goldmedaille und Oma Frieda 15
Neubeginn und endlich die Ausbildung
zur Hospizhelferin. 21

Der Weg endet und ein neuer beginnt 31
Zündeln bis zum Schluss. 33
Elisabeth im Krankenhaus 40
Still und leise und mit roten Rosen. 53
Gehen, wenn alles gut ist 58
Mitten aus dem Leben. 62
Allein sein wollen 65
Den Tod annehmen. 70
Schmerzfrei und leicht 73
Hilfe für die Helferin. 76

Begegnungen und Erlebnisse auf dem Weg. 79
Mit dem Rollstuhl auf der A99 81
Begleitung unerwünscht. 83
Konzerte, Hunde und Kinder. 85
Jeden kann es treffen. 88
Bin ich hier richtig? 91
Damit es eine gute Wegbegleitung ist 96
Rituale geben Halt. 99

Wünsche auf dem Weg. 102
Champagner aus der Schnabeltasse 109
Wenn Sterbebegleitung in die Schule kommt 113

Wenn Weggefährten zurückbleiben 121
Kein Happy End 123
Für einen Moment wieder jung 128
Kinder begegnen dem Tod 135
Die Kupplerin im Sterbebett. 137
Unsere Oma Berl ist gegangen 154
Hospizhelferin: Sensibel oder abgebrüht? 160

Eine Begleitung der etwas anderen Art 165

Mein eigener Weg 185
Mein Sterben und was ich mir wünsche. 187
Das Geschenk meiner Berufung. 189

Dank. 191

Das Leben als Busfahrt

Du steigst ein in den Bus des Lebens
an der Hand deiner Eltern.
Manche Mitreisenden kennst du,
manche lernst du kennen
und manche kennst du nie.

Wenn du meinst, du kennst die Strecke schon,
wechselst du den Bus.
Manche begleiten dich
und manche bleiben zurück
im ersten Bus
und fahren weiter.

Auch jetzt triffst du Menschen.
Du kommst an Kreuzungen und Wege,
manche vertraut,
manche neu
und manche bleiben dir verschlossen.

An den Haltestellen des Lebens
betreten Menschen den Bus,
manche haben ihn auch verlassen,
und wieder glaubst du,
hier war ich schon.

Du wechselst den Bus erneut.
Kann es sein, dass die, die du kennst,
weniger werden?
Und wieder verlassen einige den Bus.
Einige gern und manche müssen gehen.
Bei manchen tut es dir leid
und bei einigen bemerkst du es kaum.

Und als du den Bus am Ende deiner Reise verlässt,
fällt dir auf, dass du bei all den Fahrten
nicht ein einziges Mal den Fahrer gesehen hast.
Er hat dich gefahren und gelenkt,
manchmal schnell und manchmal langsam,
und jetzt, wo du angekommen bist,
ist es nicht mehr wichtig.
Du hast viel gesehen
auf der Fahrt deines Lebens.

Du steigst aus
und einige steigen ein
an der Hand ihrer Eltern.

Manuela Thoma-Adofo
September 1996

Vorwort

Mein Name ist Manuela Thoma-Adofo. Ich bin Autorin, Tochter, Mutter, Schwester und vieles mehr. Und seit mehr als 20 Jahren bin ich ehrenamtliche Hospizhelferin.

1994 entschied ich mich, mit meiner Zeit mehr anzufangen, als Dinge zu tun und Werte anzuhäufen, die ausschließlich mir und meinem Konto guttaten.

Ich wollte meine Zeit nicht vergeuden. Ich wollte sie verschenken.

Natürlich habe ich in diesem Buch all die Namen meiner Patientinnen und Patienten verändert. Auch die Sterbefälle sind nicht chronologisch geordnet. Denn es ist nicht wichtig, wann jemand gegangen ist. Es ist wichtig, dass sein oder ihr Ende sich so vollzogen hat, dass man es als schön bezeichnen kann. Ja. Auch dieser Teil des Lebens kann schön oder unschön sein.

Viele Angehörige von Menschen, die ich begleitet habe, haben mich gefragt, warum ich dieses Ehrenamt gewählt habe und wie alles anfing. Zum einen glaube ich, dass dieses Ehrenamt mich gewählt hat, und wie alles anfing und sich entwickelte, erzähle ich in diesem Buch.

Das Wichtigste, was ich dazu sagen kann, ist: ich, die Hospizhelferin, komme nicht zum Sterben. Ich komme, um zu leben. Zu leben bis zuletzt.

Wie alles begann

Eine Goldmedaille und Oma Frieda

Es war im Februar 1994. Die Menschen bejubelten die großartigen Wintersportler, die in Lillehammer um Ehre und Medaillen kämpften. Ich saß in meiner kleinen Wohnung im Schwarzwald und bangte, jubelte und zitterte mit. War doch einer der Teilnehmer mein Verlobter und viele, die sich dort abmühten, gehörten zu meinem Bekanntenkreis.

Als ich den Fernseher wieder ausschalte, hatte das Team um meinen Lebensgefährten die Goldmedaille im Skispringen gewonnen. Wenige Tage später gewann er dann auch noch die Bronzemedaille für sich allein. Zahlreiche Anrufer gratulierten, aber sobald der Fernseher aus war und die Telefonate verstummten, war alles wieder still und leise.

Ich war stolz. Aber ich war allein. Meine Familie war über Deutschland und die Welt verstreut, Bekannte hatte ich in diesem hübschen kleinen Ort nur sehr wenige und meine Arbeit bei einem Anzeigenblatt und beim Radio war in keiner Weise auslastend.

Nach zwei Tagen ebbten die Lieferungen von Blumensträußen und Gratulationen langsam ab. In unserer kleinen Wohnung standen mehr Blumen als Möbel. Und ich saß mit all diesem hübschen Dekor allein.

Neben Karten und Blumen waren auch mehrere Fresskörbe gekommen. Was sollte ich damit?

Als ich mit meiner Mutter telefonierte, erzählte sie von meiner Großmutter im Pflegeheim. Und da kam mir ein Gedanke.

Nur wenige Hundert Meter entfernt befand sich ein Seniorenheim. Das war es. Ich packte alle Blumen und viele Geschenke in meinen Wagen und fuhr los. Ich war ein bisschen nervös. Was sollte ich sagen?

Mit zwei der schönsten Sträuße in der Hand betrat ich das helle Gebäude durch den Haupteingang. Der Empfang war nicht besetzt und so nahm ich auf einer Sitzgruppe im vorderen Bereich Platz. Die Menschen, die hier herumliefen, waren alle alt. Natürlich. Was hatte ich erwartet? Es war ein Alten- und Pflegeheim. Irgendwann kam eine Dame, die altersmäßig weit unter dem Durchschnitt lag. Und sie hatte einen Schlüssel zum Büro.

Ich stand auf, sprach sie an und ich erklärte ihr, wer ich war und warum ich vor ihr stand. Sie war freundlich und während ich die Blumen und Fresskörbe aus meinem Auto räumte, rief sie nach der Heimleitung. Die Heimleiterin kam und freute sich aufrichtig über meine Initiative. Es wurde beschlossen, die Mitbringsel auf den vier Stationen des Heims zu verteilen. Dann tranken wir gemeinsam Kaffee und ich brachte mein nächstes Anliegen vor. Ob sie mich im Heim gebrauchen könnten. Ehrenamtlich natürlich. Ich wollte für jemanden da sein. Gebraucht werden. Meine eigene Großmutter wurde von Onkel und Tante im Norden Deutschlands im Heim gepflegt. Ich hatte die Zeit, den Willen und die Energie, dasselbe für jemand anderen zu tun. Vielleicht ein bisschen spazieren gehen oder vorlesen, dachte ich.

Die Heimleiterin überlegte und rief dann eine der Pflegerinnen zu sich. Ich werde den Moment nie vergessen. Die Pflegerin hieß Christa. Sie leitete die Station IV. Seit diesem Tag hat Christa mich und mein Leben begleitet und tut es noch heute. Sie war bei der Entbindung meiner Tochter dabei und bei meiner Hochzeit. Und sie stand mir vor allem bei meinen ersten Schritten als Hospizhelferin zur Seite.

Christa war eine große, dynamische Frau mit kurzem blonden Haar und Lachfältchen im Gesicht. Eine Stunde, nachdem ich zu Hause die Blumen in meinen Wagen geladen hatte, wurde mir das Pflegeheim gezeigt. Es war eine schöne, weitläufige Anlage.

Und dann sollte mir in wenigen Minuten jemand vorgestellt werden, den ich in den kommenden Monaten regelmäßig besuchen würde. Damals dachte ich noch gar nicht daran, einen Menschen beim Sterben zu begleiten. Ich wollte einfach nur für jemanden da sein, der gern ein bisschen Gesellschaft haben wollte.

Vor meinem geistigen Auge stand die klassische Großmutter. Mit Strickzeug auf dem Schoß, Dutt im Nacken und einem lieben, wohlwollenden Lächeln.

Das war naiv und diese Fantasie würde bald einem realistischen Blick weichen.

Eine Tür wurde geöffnet. Am Fenster saß eine kleine alte Frau. Sie trug eine blaue Hose und ein weißes Hemd. Ihre hellgrauen Haare waren sehr kurz, und ihr Blick war fragend. In den folgenden drei Jahren, in denen ich sie besuchte, war ihr Blick immer fragend. Selbst, als sie bei meiner Hochzeit in der zweiten Reihe saß oder als sie mir den Kinderwagen mit meinem Sohn in ihrem Rollstuhl sitzend vor sich her schob.

Für mich nannte ich sie Oma Frieda, auch, wenn ich sie bis zum letzten Tag siezte und mit ihrem Nachnamen ansprach. Bis heute widerstrebt es mir, meine Patienten einfach zu duzen. Lediglich die Menschen, die mir das »Du« zu »wachen« Zeiten angeboten haben, werden von mir so angesprochen. Das ist meine Form, bis zuletzt Respekt zu zeigen.

Ein nicht gehaltenes Versprechen und die Folgen

In der Zeit, in der ich Oma Frieda besuchte, war ich auch für andere Patientinnen da. Der Moment, der mich am meisten beeindruckte, war, als ich mit meinem zwei Wochen alten Sohn am Bett einer sterbenden Patientin saß. Immer wieder schaute eine der Pflegerinnen durch die Tür und ich nickte. Alles in Ordnung. Während ich ihn stillte, las ich der Patientin aus der Bibel vor. Sie hatte bisher selbst gelesen, konnte aber nun kein Buch mehr halten und keine geschriebenen Worte mehr aufnehmen. So übernahm ich das für sie. Ihre Atmung veränderte sich und ich brauchte nicht zu ihr hinschauen, um zu wissen, was gerade geschah.

Ich legte die Bibel aufgeschlagen ab, fasste mit meiner Hand nach der ihren, las weiter und las auch über den Moment hinaus, in dem sie aufhörte zu atmen. Ich las den ganzen Absatz zu Ende. Dann schloss ich für einen Augenblick die Augen.

Mehr konnte sich ein Kreis nicht schließen. Ich war neunundzwanzig und mitten im Leben, mein Sohn war gerade zwei Wochen alt, also soeben erst auf die Welt gekommen, und diese alte Dame hatte das Ende ihres Lebens erreicht und ging. Still und leise.

In diesem Moment war mir klar, dass dies genau das war, was ich tun und sein wollte: Hospizhelferin. Menschen am Ende zu begleiten. Nicht nur hin und wieder, sondern wann immer ich gebraucht wurde. Ich legte meinen nunmehr schlafenden Sohn in den Kinderwagen und klingelte nach der Schwester.

Es war ein Dienstag, als Oma Frieda ins Krankenhaus kam. Es ging ihr zunehmend schlechter. Sie wollte nach Hause, also zurück ins Heim, und ich wollte das auch. Für sie. Ihre Zeit lief ab. Das wusste sie, das wusste ich. Und in diesem unpersönlichen Krankenhaus wollte ich sie nicht allein gehen lassen. So fuhr ich die rund vierzig Kilometer immer wieder hin und zurück, um sie zu besuchen. Sie bat mich, ihr zu versprechen, sie ins Heim zurückzuholen. Und ich gab ihr das Versprechen. Nicht ahnend, wie sehr ich es bereuen würde.

Ich sprach mit Schwester Christa. Schnell war geklärt, dass ich eine Vollmacht bekomme. Damit könnte ich sie zurück ins Seniorenheim holen. Am Freitagmorgen wollte Christa anrufen und mir Bescheid sagen.

Christa rief auch an. Es war acht Uhr morgens. Aber was sie sagte, brach mir das Herz. Oma Frieda war in den Morgenstunden allein im Krankenhaus gestorben. Genauso, wie sie es immer befürchtet und wovor sie solche Angst hatte.

Ich habe Stunden gebraucht, bis ich zu weinen aufhören konnte, Tage, um zu akzeptieren, und Jahre, um mir selbst zu verzeihen, dass ich ein Versprechen gegeben hatte, das ich nicht halten konnte.

Die Lektion mit den Versprechen habe ich mir zu Herzen genommen. Ich gebe keine mehr. Nie mehr! Es sei denn, ich kann garantieren, dass ich das Versprechen erfüllen kann. Und selbst dann versuche ich es zu vermeiden.

Am Tag ihrer Beerdigung stand ich ziemlich neben mir. Der Sarg mit den Blumen war zwischen sechs Kränzen aufgestellt und der Raum voller Menschen. Menschen, die ich im Heim nie oder so gut wie nie gesehen habe. Ihre Familie. Viele kamen zu mir und beteuerten, dass sie so oft vorgehabt hatten, Oma Frieda zu besuchen. Nächste Woche, ja, nächste Woche, da wollten sie kommen. Ganz sicher. Oder eben im Herbst. Oma Frieda hätte jeden Tag der Woche gestrahlt. Jetzt war es zu spät. Etwas begann in mir hochzukochen.

Nachdem der Pfarrer gesprochen hatte, ging ich nach vorn.

In meiner Hand der gefaltete Zettel mit meiner Abschiedsrede und eine Postkarte.

Ich war wütend. Ich sprach davon, wie Oma Frieda war und sein konnte. Im einen Moment still, im nächsten ein bisschen verbittert. Aber eine einzige Postkarte – und ich hielt die Postkarte in die Luft, die ihr einer ihrer Enkel mal geschickt hatte – konnte sie über Tage zum Strahlen bringen. Es wäre so leicht gewesen, sie öfter lächeln zu lassen. Wenn man sich nur hin und wieder ein paar Minuten Zeit genommen hätte.

Während ich sprach, heulte ich Rotz und Wasser. Ich sah in betretene Gesichter, erkannte Scham, aber auch Missbilligung.

Und auch, wenn sich die meisten später für meine Rede bedankten, war mir klar, dass ich über das Ziel hinausgeschossen war. Ich habe verurteilt, und das war nicht in Ordnung. Jeder der Angehörigen hatte gehandelt oder eben nicht, genau so, wie es eben in sein oder ihr Leben gepasst hatte. Und ich habe dazugelernt.

Meine Unterstützung gilt den letzten Tagen, Wochen, Monaten oder sogar Jahren eines Patienten. Das Urteilen über sein Umfeld steht mir nicht zu. Ich bin Hospizhelferin und keine Richterin über Familienverhältnisse.

Neubeginn und endlich die Ausbildung zur Hospizhelferin

Millennium

Meine Tochter war vor wenigen Wochen zur Welt gekommen. Christa hatte mir als ehemalige Krankenschwester im Kreißsaal im größten Schmerz gut zur Seite stehen können, mein Sohn war zu dem Zeitpunkt vier Jahre alt. Mein Mann hatte beschlossen, sein Leben nach seiner sportlichen Laufbahn anders zu verbringen, als ich es mir gewünscht hatte. Natürlich brach für mich eine Welt zusammen, aber heute weiß ich, dass immer eins zum anderen führt und der Spruch: »Für das Scheitern einer Beziehung sind immer zwei verantwortlich«, nicht ganz falsch ist. Zwei Leben, unser beider Leben, änderten sich und drifteten auseinander. Schmerzhaft. Sicher für beide.

Und wie das Leben so spielt, geschah meiner Schwester genau das Gleiche. Angela und ich hatten im selben Jahr geheiratet. Unsere Erstgeborenen kamen nur wenige Monate hintereinander zur Welt und auch das zweite Kind kam nur um Wochen nach meinem zur Welt. Und auch bei ihr entschied sich der Mann für einen alternativen Lebensweg.

Wir setzten uns zusammen und überlegten. Was jetzt? Wir waren zwei junge Mütter, jeweils mit zwei Kindern und eine Aussicht ... auf was? Und so beschlossen wir zusammenzuziehen. Im September rückten in Hinterzarten und bei meiner Schwester in Offenburg die Möbelwagen an. Eine Doppelhaushälfte im bayerischen Zorneding sollte unser gemeinsames Zuhause werden. Eine neue Zeit begann. Eine schöne Zeit. Angela sollte sich um die Kinder kümmern, während ich Geld verdiente.

Mir lag im Magen, dass die Vermieter im letzten Moment die Miete noch ein wenig hochgetrieben hatten. »Wir könnten das Haus problemlos auch zu diesem Preis vermieten«, argumentierten sie. Was sollte ich machen? Ich sagte trotzdem zu. Auch die Personenanzahl im Mietvertrag musste ich fest angeben. Ich schrieb »fünf«. Warum auch immer. Wir waren eigentlich zu sechst: zwei Frauen, zwei Vierjährige und zwei Einjährige. Jedenfalls wurde die Miete ein weiteres Mal angepasst. Nach oben natürlich. Ich fand es ein bisschen unangebracht, aber ich wollte keinen Streit.

Das Pflegeheim, in dem ich so viele Stunden verbracht hatte, fehlte mir. Ich arbeitete für verschiedene Zeitungen und als Ghostwriter für einige Buchprojekte. Außerdem stand ich noch hin und wieder vor der Kamera oder auf einem Laufsteg.

Unsere »Großen« besuchten den gleichen Kindergarten. Die Kleinen blieben daheim. Und ich beschloss, mir Zeit zu lassen in Sachen Hospizhilfe.

Es dauerte aber nur wenige Monate und ich kam mit einer Nachbarin ins Gespräch, die ihren kranken Schwiegervater pflegte und völlig überfordert war.

Ich bot ihr an, auf einen Kaffee vorbeizukommen. Als ich bei ihr in der Küche saß und der alte Herr sie mit schroffer Stimme aus seinem Schlafzimmer rief, verstand ich, warum es ihr so schlecht ging. Luise kümmerte sich um die beiden Kinder, den Haushalt und ihren Schwiegervater. Ihren Job als Grafikerin hatte sie zurückgestellt, um den Familienansprüchen gerecht zu werden. Und dann wurde sie von einem Menschen beschimpft und angegangen, für den sie sehr viel opferte. Ich ging mit ihr zu dem alten Mann und stellte mich vor. Er forderte zu trinken und dass das Fenster geöffnet wurde. Sein Ton war unhöflich und respektlos, aber angesichts seiner Lage nicht unverständlich. Die Bilder auf der Kommode zeigten ihn als stattlichen Mann. Kräftig und offen in die Kamera blickend. Zwei Schlaganfälle hatten ihn in den letzten Jahren die Kontrolle über seine linke Körperhälfte gekostet und die Metastasen in seinem Körper waren nun für diese Sackgasse verantwortlich, in die er gekommen war. Unausweichlich.

Ich bat Luise freundlich, ihrem Schwiegervater und mir Wasser zu bringen, und öffnete das Fenster. Dann riet ich ihr, sich zwei Stunden hinzulegen. Später sagte sie mir, dass sie sich nur einen Moment auf das Sofa habe legen wollen, aber dann doch tatsächlich fast zwei Stunden am Stück geschlafen habe.

»Sie wissen, was passiert?« Ich frage gern direkt. Luises Schwiegervater hätte auch anders antworten können, aber er schaute mich nur an, als hätte ich ihn zu einer Runde auf dem Joggingpfad gebeten. Sein Gehirn funktionierte noch vollständig, auch wenn die Metastasen sich auch dort schon breitgemacht hatten.

»Was passiert?«

»Mit Ihnen?«

»Ich habe Krebs!«

»Ja. Haben Sie Schmerzen?«

Ich fragte, obwohl ich wusste, dass er bereits mit Morphium behandelt wurde. Er antwortete nicht. Ich half ihm beim Trinken. »Ich werde sterben«, sagte er. Und er sagte es, als ob er mich damit erschrecken wollte.

»Ja, ich weiß«, antwortete ich. Jetzt schaute er verblüfft. »Sie werden sterben – ich weiß.«

In den folgenden fast zwei Stunden erzählte er mir, dass niemand im Haus wahrhaben wollte, dass es keine Hilfe mehr gab. Sein Sohn verabschiedete sich stets mit einem »Wird schon wieder«, und seine Schwiegertochter tat so, als ob er gesunden würde, wenn sie sich nur noch mehr Mühe geben würde. Mehr kochen, mehr da sein, mehr nachfragen, mehr aufopfern. Und seine beiden Enkel wurden auch dahingehend geimpft, dass der Opa nur ein »bisschen krank« sei. Sie waren noch sehr klein. Ich konnte nachvollziehen, weshalb die Familie so handelte. Die Hilflosigkeit bedingt oft nicht sehr hilfreiche Reaktionen.

Und wieder hatte mich meine Berufung gefunden.

Nachdem ich mich von ihm verabschiedet hatte, sprach ich mit Luise. Sie war schockiert, dass ich mit ihrem Schwiegervater über sein Sterben gesprochen hatte. Aber auch erleichtert. Sie sprach mit ihrem Mann darüber und bei diesem Gespräch war ich ebenfalls dabei. Das Thema Tod wurde nicht mehr verdrängt. Auch mit dem Vater bzw. Schwiegervater wurde nun über das zu erwartende Ende gesprochen. Der alte Herr konnte sich über Wünsche zu seiner Bestattung äußern und dadurch hatte er wieder eine Aufgabe. Er war nicht mehr nur Ballast, um den man sich sorgen musste. Das Bewusstsein um das Sterben änderte die Perspektive im ganzen Haus. Es wurde nicht mehr gegen das Unvermeidliche gearbeitet, sondern nur noch begleitet. Es durfte wieder gelacht werden, aber es durfte auch geweint werden. Nicht vor Überarbeitung, sondern vor Trauer.

Ich begleitete Luises Schwiegervater noch ein viertel Jahr, bevor er starb. Er hinterließ eine Lücke, aber er hinterließ kein Trauma mehr. Und ich war gespannt, was das Leben noch für mich bereithielt.

Zwei Jahre später dann zog ich mit meinen Kindern aus dem Haus mit meiner Schwester in meinen jetzigen Wohnort. Es gab eine Grundschule für meinen Sohn und einen schönen

Kindergarten für meine Tochter in der Nähe. Ein Haus wurde gefunden und wie es das Schicksal wollte, befand sich ganz in der Nähe ein Alten- und Pflegeheim.

Ich war alleinerziehend, als Autorin tätig und hatte trotz der mehrfachen Belastungen den Drang, mich wieder meiner Berufung zu widmen.

Im Rahmen einer Elternbeiratssitzung sprach mich eine Mutter hinsichtlich meiner Hospiztätigkeit an. Sie empfahl mir einen Vortrag des örtlichen Hospizvereins. Nun sind mir Vereine grundsätzlich eher unsympathisch und der Gedanke, dass ich nach über zehn Jahren als Hospizhelferin nun einen Lehrgang beim Landratsamt machen sollte, um »praktizierendes« Mitglied zu werden, war mir zuwider. Und dennoch entschloss ich mich, mir anzuhören, was dort gesagt wurde.

Die Vorsitzende des Vereins war eine aparte und sehr sympathische Frau. Alles, was der Verein an dem Abend präsentierte, hatte so ganz und gar nichts mit Belehrungen oder Vereinsmeierei zu tun. Ich fühlte mich gut aufgehoben. Ich erzählte, wie ich vor gar nicht langer Zeit den Vater eines Freundes in den Tod begleitet hatte, und sprach von dem Moment, als er neben mir im Rollstuhl saß und gemeinsam mit mir meine spielenden Kinder im Garten beobachtete. Es brauchte keine Worte. Wir wussten beide, dass es das letzte Mal sein sollte, dass er die Kinder so sah. Wenige Tage später starb er. Beeindruckend stark und klaglos. Mit dieser Geschichte und dem damit verbundenen Gefühl fühlte ich mich im Kreis des Vereins sehr gut aufgehoben. Also warum nicht die offizielle Ausbildung zum anerkannten Hospizhelfer machen. Es tat meinen bisher geleisteten Sterbebegleitungen schließlich keinen Abbruch.

Und so, wie ich anfangs ein bisschen verärgert war, dass ich in Bayern keine ›echte‹ Hospizhelferin sein durfte, muss ich im

Nachhinein sagen, dass es keine Ausbildung gibt, die nicht irgendwo auch etwas Gutes mit sich bringt. Ich habe in dieser Zeit viel gelernt. Und lernen ist nie schlecht.

Die Ausbildung

Der Lehrgang fand über mehrere Wochenenden hinweg statt. Wir trafen uns in den Räumen der örtlichen Kirche oder im Pflegeheim. In Gruppenarbeiten wurde sowohl theoretisch als auch praktisch geübt.

Natürlich hat es mir in den vielen Jahren zuvor nicht an dieser Art Erfahrungen gefehlt, aber ich freue mich bis heute über das, was ich hier dazugelernt habe – nicht nur über und für meine Patienten, sondern auch über und für mich selbst.

Die ständige Traurigkeit über »Oma Frieda« und mein gebrochenes Versprechen konnte ich komplett aufarbeiten. Als ich in einer Gruppenstunde darüber sprach und wieder in Tränen ausbrach, wurde mir die Frage gestellt, was mich denn nun an dieser meiner »Verfehlung« so tief verletzte. Mit wenigen Sätzen, aber absoluter Klarheit wurde mir bewusst gemacht, dass ich eigentlich in erster Linie wütend war. Wütend auf mich selbst. Weil ich meine hochgesteckten Ziele nicht erreicht habe. Oma Frieda hätte mir längst verziehen. Nur ich selbst tat es nicht. Ich lernte, dass ich gnädiger mit mir selber sein durfte und musste. Und blieb dabei, nichts mehr zu versprechen. Vor allem im Bereich Tod und Sterben nicht. Wir haben das »Wann« und »Wie« nicht in der Hand. Wir können nichts versprechen.

Ich hatte für diese meine erste Patientin getan, was ich hatte tun können. Und bin sogar weit über alle Grenzen der normalen Hospizhilfe hinausgegangen. Meine Mutter erinnert sich noch heute daran, dass ich damals mit Oma Frieda und ein paar Kuchenstücken bei ihr aufgekreuzt bin. Die alte Dame saß in ihrem Rollstuhl und erfreute sich am wunderschönen Garten meiner Mutter.

Ich war mit ihr bei Ärzten und begleitete sie auf Hunderten von Spaziergängen, und als ihr ein dunkelblaues Sakko an mir gefiel, schenkte ich es ihr. Sie hat es geliebt. Und sie wurde sogar darin beerdigt. Wenn ich heute an sie denke, dann kommen mir zwar immer noch die Tränen, aber eben nicht, weil ich es nicht mehr geschafft habe, sie aus dem Krankenhaus zurückzuholen, sondern weil sie mir einfach irgendwie fehlt. Damit kann ich leben.

Eine weitere Erinnerung aus dem Lehrgang ist, dass viel Eigeninitiative in der Begleitung möglich ist. Ein Beispiel: Zur Mundpflege bei sehr schwachen oder sterbenden Patienten gibt es abgepackte, super hygienische Wattestäbchen, die mit einer Glyzerinlösung getränkt sind. Meist haben diese Stäbchen eine Geschmacksrichtung: Zitrone oder Erdbeere. Das klingt so weit ganz gut. Im Rahmen des Lehrgangs wurden wir nun gebeten, uns paarweise zusammenzusetzen und mit diesen Stäbchen abwechselnd »Mundpflege« beim Gegenüber zu betreiben. Dementsprechend saß mir dann eine Frau gegenüber, die ich kaum kannte, riss mit fragendem Blick die Hülle vom Wattestäbchen, führte es in meinen Mund ein und benetzte mit dem Stäbchen meine Lippen, meine Zunge und Wangeninnenseite. Reflexhaft zog ich meinen Kopf zurück. Nicht nur, dass es hochgradig unangenehm ist, wenn einem jemand, den man kaum kennt, im Mund herumfährt, sondern vor allem, weil dieser künstliche Geschmack einen Brechreiz bei mir auslöste. Ich hatte das Gefühl, als riebe jemand mit einem Duftstein für die Toilette in meinem Mund.

Ich konnte meinen Kopf zurückziehen, was aber, wenn ein Patient das nicht mehr kann? Die beiden Übungsleiterinnen zeigten uns nun, wie wir mit Strohhalmen und geschmacksneutralen Stäbchen Tropfen von Flüssigkeiten aufnehmen konnten. Das konnte Orangensaft sein, ein Tropfen Honig oder sogar ein bisschen Wein. Man kann absolut alles verwenden, was der Patient in früheren Zeiten mochte und vielleicht immer noch mag: Kaffee, Cola, Säfte, Bier, Wein. Machen Sie sich keine Sorgen, es wird Ihnen nicht gelingen, lediglich mit Wattestäbchen oder Strohhalm den vor Ihnen liegenden Menschen mit seinem geliebten Riesling in einen Vollrausch zu versetzen, aber damit kann man, was die Feuchtigkeit im Mund angeht, sehr viel erreichen – ohne hygienisch zwar einwandfreie, aber unangenehme Reize.

Die Variante mit Strohhalmen und »lebensnahen« Flüssigkeiten kannte ich bereits und wenn mir jemand vor diesem Lehrgang solche Geschmacksstäbchen in die Hand gedrückt hätte, hätte ich sie auch angewendet. Ganz einfach deshalb, weil sie den Eindruck machen, gutzutun. Richtig zu sein. Erst durch den Selbstversuch wusste ich, dass es Besseres gibt. Richtigeres.

Nie mehr würde ich diese Dinger verwenden. Es würde sich immer etwas finden, was die Patientin oder den Patienten glücklicher macht, da bin ich sicher.

Und immer wieder Langlauf im Fernsehen

Im Rahmen des Lehrgangs wurde mir ein Patient für mein Praktikum zugewiesen. Es war ein Herr von fast neunzig, der leicht dement war und seine Tage in seinem Rollstuhl innerhalb seines Zimmers im Pflegeheim verbrachte. Mein Angebot, ihn zu Spaziergängen hinauszuführen, lehnte er ab. Er wollte in den »eigenen« vier Wänden bleiben und ich akzeptierte das selbstverständlich. Denn es war ja sein Leben, das ich ergänzen wollte. Ich nötige Menschen zu nichts. Auch nicht zu frischer Luft. Eigentlich sollten wir »unsere« Patienten im Rahmen des Praktikums nur einmal in der Woche besuchen. Aber ich mochte ihn und er mochte mich, selbst wenn er manchmal kaum bis überhaupt nicht sprach.

Es war Winter damals und er saß in der Regel vor dem laufenden Fernseher. Immer lief Wintersport. Meistens Langlauf.

Ich brachte ihm stets eine Schachtel seiner Lieblingspralinen mit, für die er sich immer höflich bedankte, und dann setzte ich mich mit meiner eigenen Schachtel neben ihn. Wir hatten diesbezüglich denselben Geschmack. Es war einfach, ihn zu erfreuen. Wir aßen Süßigkeiten, die mit verschiedenen Likören gefüllt waren, sahen den durch den Schnee eilenden Menschen zu und schwiegen vertraut.

Nach drei Tagen fragte ich ihn dann: »Herr Werner, haben Sie früher auch Langlauf gemacht? Wieso lieben Sie den Wintersport so?«

Er schaute mich an, legte die Praline, die er sich gerade in den Mund schieben wollte, zurück und meinte trocken: »Tu ich nicht. Aber ich weiß nicht, wo ich umschalten kann.«

Ich fiel innerlich vor Lachen fast vom Stuhl und fragte weiter. Es stellte sich heraus, dass er lediglich keine Umstände machen wollte. Die Schwester setzte ihn im Rollstuhl vor den Fernseher, wie er es scheinbar wünschte, und schaltete das Gerät an. Und weil er es als unhöflich empfand, etwas zu fordern, beließ er es bei dem eingeschalteten Programm.

Ich suchte und fand die zum Gerät gehörige Fernbedienung, legte neue Batterien ein und befestigte sie mit Klettband an seinem Stuhl. Seitdem sahen wir auch andere Sendungen.

Und wieder hatte ich gelernt. Egal, wie deutlich eine Situation zu sein scheint, eine bloße Nachfrage kann viel verändern. Und wenn es nur das Fernsehprogramm ist.

Ich begleitete Herrn Werner über das Praktikum hinaus und war bei ihm, als er starb. Es fiel ihm schwer zu gehen, aber die Anwesenheit von mir und zwei weiteren Hospizhelferinnen tat ihm gut. Ich denke immer noch gern an ihn, an sein scheues Lächeln und an die Tage mit den Pralinenschachteln zurück.

Am Ende der Ausbildung entschloss ich mich, unseren Hospizverein als feste Helferin in unserem Pflegeheim zu ergänzen. Und so wurde dieser Wohnbereich 2006 »meine Station«, für die ich heute noch da bin.

Der Weg endet
und ein neuer beginnt

Zündeln bis zum Schluss

Einmal gab es zwei Patientinnen im Pflegeheim, die in gegenüberliegenden Zimmern lagen. Von der einen hatte ich gehört, dass sie in jungen Jahren gern gezündelt haben soll. In Worten und in Werken. Einst soll ein ganzer Bauernhof in Flammen aufgegangen sein.

Von der anderen wusste ich durch Gespräche mit ihren Besuchern, dass sie eine Frau mit stark esoterischem Interesse war, die sogar Bücher zu diesem Thema geschrieben hatte.

Beide waren fast neunzig Jahre alt und hatten ihre eigene, mir in weiten Teilen unbekannte Geschichte. Und jede machte sich in ihrer ganz eigenen Geschwindigkeit auf den Weg. Ich wechselte mich mit den Besuchen ab, im Stundentakt oder wie sie mich eben brauchten. Während die eine noch Familie hatte, kamen bei der anderen hin und wieder alte Freunde und Nachbarn, Menschen, die sie durchs Leben begleitet hatten. Meist sind dies Begegnungen für mich, die nicht schwierig sind, da ich als Hospizhelferin nur ergänzend dabei bin. Für die Sterbenden und ihre Angehörigen. In einem der beiden Fälle gestaltete sich das aber durchaus schwierig. Nicht, dass es mir die Patientin schwer gemacht hätte, nein, es war ihre Schwiegertochter. Wann immer sie da gewesen war, blieb ein diffuses Gefühl von furchtbarer Hektik und Missfallen zurück. Und schon recht bald war mir klar, dass sie meist gar nicht kam, um nachzusehen, wie es der Mutter ihres Gatten ging, sondern um sich zu vergewissern, dass es endlich mit dem Ende voranging. Ich erlaube mir prinzipiell kein Urteil über die Menschen, die ich betreue, und auch über ihre Angehörigen nicht, aber manchmal musste ich in diesem Fall schon tief durchatmen.

Als ich an einem Nachmittag bei der alten Dame am Bett saß und vorlas, stürmte die Schwiegertochter ins Zimmer. Ohne anzuklopfen – wie immer. Sie war der Meinung, dass ihre Schwiegermutter es ohnehin nicht hören und nicht antworten würde, also ließ sie es gleich ganz bleiben. Es missfiel mir, aber ich war nicht da, um zu belehren. Die Frau warf ihren Mantel und ihre Handtasche aufs Bett und hielt sich mit beiden Händen am unteren Ende des Gestells fest. Fürsorge oder Mitgefühl sehen anders aus. Ohne die bewegungslos und still daliegende Frau weiter zu beachten, fuhr sie mich scharf an, ob ich ihr sagen könne, wie lange das nun noch gehen sollte.

»Keine Ahnung«, antwortete ich. Was hatte sie erwartet? Dass ich ihr einen Termin und eine Uhrzeit nenne? Dass ich sage: »Wenn es Ihnen zu lange dauert, dann setzen wir sie im Wald aus«?

»Heißt das, es kann sein, dass sie noch bis Juli lebt? Dass wir den Monat dann auch noch zahlen müssen? Mein Mann hat sich seinen Ruhestand ganz sicher nicht so vorgestellt!«

Abgesehen davon, dass ich mir an der Seite dieser Frau einen Ruhestand überhaupt nicht vorstellen konnte, wies ich sie darauf hin, bitte nicht so laut und ungehalten am Bett der Patientin zu sprechen. Sie zuckte mit den Schultern und meinte nur, »dass die Alte sowieso nichts mehr hören« würde.

Ich wies mit dem Kopf zur Tür und stand auf. Draußen versuchte ich sie zu beruhigen. Auch wenn Sterbende nicht mehr reagieren, sich nicht äußern und nicht wehren, kommt immer noch sehr viel bei ihnen an. Meiner Meinung nach sogar fast alles, was gesprochen wird. Dies galt es hier zu vermeiden.

Ich gab weiter an Wissen, das ich hatte, nämlich wie das

Sterben ihrer Schwiegermutter ablaufen könnte, und die vage Vermutung, dass es sich eher nur noch um Tage als um Wochen handelte, bis sie dann endgültig sterben würde.

Sie atmete kurz durch und meinte: »Kann ich mich darauf verlassen?« Jetzt musste ich fast lachen. Ich wies sie darauf hin, dass es sich um eine auf Erfahrung beruhende Vermutung handelte, mit der sie machen könne, was sie wolle. »Es dauert so lange, wie es eben dauert. Und es tut mir leid, dass Sie unter diesem Zustand so sehr leiden«, fügte ich an. Es half nicht viel, aber es half ein wenig. Zumindest so weit, dass sie sich wieder Tasche und Mantel aus dem Zimmer holte und verschwand.

Natürlich wusste ich nicht, was in dieser Familie alles vorgefallen war, dass es zu einer derartigen Atmosphäre gekommen war. Ein Urteil stand mir hier nicht zu. Und so hielt ich noch ein paar Minuten die Hand der stillen Patientin und wechselte dann hinüber in das andere Zimmer, in dem ebenfalls gestorben wurde.

Nebenan bei Frau Steinhärter war Schwester Patrizia. Sowohl sie als auch Frau Steinhärter schauten mich an.

»Stell dir vor, Manuela, sie wollte aufstehen.«

Patrizia legte die alte Dame behutsam zurück ins Bett und breitete die Decke über ihre blassen Beine.

Ich bin stolz auf diese und die anderen Schwestern »meiner« Station. Trotz unfassbar hohem Zeitdruck, permanenter Unterbesetzung und viel Stress haben sie stets ein liebes Wort oder eine helfende Hand, wenn sie gebraucht werden.

Patrizia verließ das Zimmer und ich zog einen Stuhl an Frau Steinhärters Bett. In der Regel mochte sie es nicht gern, berührt zu werden, entsprechend grüßte ich nur lächelnd und legte meine Hände auf die Bettkante. Dieses Mal akzeptierte sie das »Angebot«. Sie nahm meine beiden Hände in die ihren und sagte mit fester Stimme: »Ich muss Geduld haben. Ich muss Geduld haben.«

Die Tatsache, dass es ihr in ihrem Stadium gelungen war, beinahe noch einmal aufzustehen und nun so deutlich zu sprechen, wiesen für mich nicht auf eine Wiederherstellung ihrer Kräfte hin, sondern vielmehr darauf, dass das Ende schon recht nahe war.

Oft werden kurz vor dem Tod noch einmal Kräfte mobilisiert, die man nicht für möglich gehalten hätte.

Ein drittes Mal sagte sie, dass sie sich gedulden müsse, dann ließ sie meine Hände wieder los, legte sich zurück auf das Kissen und schlief sofort ein. Ich blieb eine Weile bei ihr und ging dann nach Hause. Dort würde ich gleich das Mittagessen für meine beiden Kinder zubereiten, abwaschen, putzen und an einem neuen Buch arbeiten und falls es möglich war, mich noch fünfzehn Minuten auf das Sofa legen. Es würde sicher wieder Mitternacht werden, bis ich endgültig ins Bett kam, aber das machte mir nichts aus, denn es war meine Entscheidung, meiner Berufung zu folgen. Kein Zwang.

Als meine Kinder am nächsten Morgen schon wieder in der Schule und alle Einkäufe und das Nötigste im Haus erledigt waren, erhielt ich die Nachricht, dass Frau Steinhärter vor wenigen Minuten verstorben sei. Ein alter Freund wäre bei ihr gewesen. Sie war nicht allein gewesen.

In diesem Moment war mir klar, dass die alte Dame mit dem geduldigen Warten ihren eigenen Tod gemeint hatte. Ich war zutiefst beeindruckt und ließ alles liegen, um mich im Heim noch von ihr zu verabschieden.

Ich bin ein pragmatischer Mensch. Ich brauche Fakten und tue mich oft schwer mit spirituellen Dingen. Was nicht faktisch belegt oder stringent erläutert werden kann, wird von mir extrem kritisch wahrgenommen. Das war schon immer so und in diesem Bereich habe ich in der Vergangenheit viel dazulernen müssen. Dazu gehört mein Erlebnis mit Frau Steinhärter. Ich betrat ihr Zimmer und sah, dass sie tot war. Daran bestand kein Zweifel. Allerdings war der Raum derart erfüllt mit ihr, dass ich beinahe zu lachen anfangen musste. Es war, als säße sie gleichzeitig auf dem Bücherregal, auf der Fensterbank, dem Stuhl in der Ecke und hinter dem Blumentopf auf dem Nachttisch und lächelte über die zwei Besucher, die sich von ihr verabschieden wollten. Wenn man so will, war das ganze Zimmer erfüllt von ihrer Seele. Während ich das aufschreibe, muss ich immer noch den Kopf schütteln, aber es fühlte sich genauso an. Das Zimmer war voll mit dem Geist dieser alten Dame, während ihr Körper kühl und bis zum Hals bedeckt auf dem Bett lag.

Nach einiger Zeit verabschiedete ich mich schließlich mit dem Satz, den ich all meinen Patienten während oder nach ihren letzten Tagen sage: »Gute Reise!« Dann ging ich noch immer völlig verblüfft ins Schwesternzimmer. Ich gab Bescheid, dass ich in zwei Stunden zurückkäme, um Frau Bernwieser im gegenüberliegenden Zimmer zu besuchen. Ich hoffte, dass mir die Schwiegertochter erspart bleiben würde. Dann verließ ich das Heim.

Als ich später die Station wieder betrat, ließ ich mir den Schlüssel zu Frau Steinhärters Zimmer geben. Ich wollte wissen, ob ich ihre Nähe noch immer so stark spürte. Beim Betreten des Zimmers war mir sofort klar, dass hier nun wirklich nur noch ihr toter Körper mit dem schönen, entspannten Gesicht war. Der Raum war ansonsten leer. Keine Seele, kein Geist mehr. Ich war beruhigt und gleichzeitig verwirrt. Dann wandte ich mich dem Zimmer von Frau Bernwieser zu.

An ihrer Atmung konnte ich erkennen, dass ich nicht zu früh kam. Die Pausen zwischen den Atemzügen waren lang.

Manchmal bis zu einer Minute. Ich setzte mich, lehnte mich zurück und schaute aus dem Fenster. Ich ließ Patrizia bei der Familie anrufen. Es würde nur noch wenige Stunden dauern.

Während ich neben ihr saß, ihre Hand hielt und die Sekunden zwischen ihren Atemzügen zählte, dachte ich über die Geschichte mit dem Zündeln nach. Wie kam man darauf, einen Bauernhof anzuzünden? Wie viele Menschen hatte sie mit verbaler Zündelei verletzt? Gerüchte und was früher war, hatten für mich im Zusammenhang mit einer Patientin nie eine Bedeutung. Ich begegnete ihr an der Stelle, wo ich in ihr Leben kam. Das, was bisher geschehen war, war allein ihre Sache. Und so war es auch in diesem Fall. Ihr das Sterben zu erleichtern, war meine Aufgabe. Und nicht, ein Urteil über Verfehlungen ihres Lebens zu fällen.

Frau Bernwieser und ich hatten nicht die Zeit gehabt, uns näher kennenzulernen. Es hat sich nie eine enge persönliche Bindung eingestellt. Ich würde sie als Hospizhelferin begleiten, als Mensch. Nicht als Enkelin, Freundin oder als nahestehender Freund. Es war in Ordnung. Ich musste und konnte mich nicht an alle binden.

Sie schlief ein, ohne dass ihre Familie bei ihr war. Nur Patrizia, eine junge Schwesternschülerin und ich standen an ihrem Bett, als sie ging. Es war ein leichter Abschied.

Nach meinem »Gute Reise, Frau Bernwieser«, begannen wir mit den üblichen Ritualen: Umkleiden und Kämmen der Verstorbenen, dem Lüften und Herrichten des Zimmers. Auf eine Serviette stellten wir eine Kerze und zündeten sie an.

Als alles erledigt war, standen Patrizia und ich beieinander und sprachen darüber, dass der Tod der beiden Zimmernachbarinnen sehr dicht aufeinander erfolgte. Zwei Beerdigungen würden ins Haus stehen. Es gab einiges zu koordinieren. Noch im Gespräch fiel uns ein eigenartiger Geruch auf. Auf der Kommode, wo die Kerze brannte, hatte offensichtlich ein Luftzug die Serviette über die Flamme geweht und das dünne Papier brannte bereits lichterloh. Das kleine Feuer war zwar schnell gelöscht, aber so unvernünftig es klingen mag, wir waren uns einig, dass Frau Bernwieser damit ihren Abschied gebührend eingeläutet hatte.

Seit diesem Tag verwenden wir für unsere Abschiedskerzen immer eine kleine Glaslaterne. Selbst wenn der Patientin zu keiner Zeit Brandstiftung nachgesagt wurde. Sicher ist sicher.

Elisabeth im Krankenhaus

Jeder meiner Patienten bekommt einen ›Teil‹ von mir. In jedem Falle einen mehr oder minder großen Teil meiner Zeit, meiner Fürsorge und meiner Unterstützung. Ich gebe gern und ich gebe nicht mit dem Gedanken, etwas dafür zurückzubekommen. Und bei keinem Patienten ist es mir egal, wenn wir uns dann eines Tages verabschieden müssen. Natürlich bin ich mir darüber im Klaren, dass ich als Hospizhelferin keinen wirklich langen Weg mehr mit Patienten habe. Begleite ich sie doch in ihrer letzten Lebensphase und nicht ab der Einschulung oder dem Schritt ins Berufsleben. Und dennoch ist unser gemeinsamer Weg quasi lebenslang. Solange das Leben halt noch dauert.

Und auch, wenn ich alle Patienten an der Stelle abhole, an der sie sich gerade befinden, entstehen Verbindungen, die um Welten intensiver und inniger sind, als man es am Anfang vermutet.

Elisabeth lernte ich an einem Sonntagvormittag kennen. Acht Wochen zuvor hatte ich eine Begleitung abgeschlossen, an die ich gern zurückdachte und die mir genügend Zeit für meine Arbeit und meine Familie gelassen hatte.

Ein Mann von achtzig war mit einem Lächeln auf den Lippen gestorben. Ruhig und schmerzfrei. Es ging ihm gut auf diesem Weg und er hatte mir deutlich gemacht, wie sehr er sich freue, seine vorangegangene Ehefrau wieder zu treffen. Er war sehr gläubig und das gab ihm Halt.

Ich fühlte mich stark genug, eine neue Patientin zu begrüßen. Auf dem Weg zum Heim war ich in Gedanken. Die Frau, die ich gleich kennenlernen würde, hieß Elisabeth und hatte zuvor im ›Betreuten Wohnen‹ im Nebenhaus gelebt. Nun konnte sie sich nicht mehr selbst versorgen. Zwei Wochen zuvor hatte sie versehentlich mit einer vergessenen Kerze fast das Zimmer abgefackelt. Es wurde Zeit, dass man mehr nach ihr schaute. Und das hatte ich vor. Sie war noch nicht schwerstkrank oder sterbend, aber sie war eben neu bei uns und ich wollte ihr mit meinem Besuch eine Freude machen. Als ich vor dem Zimmer stand, musste ich kurz durchatmen. Hier war ich im vergangenen Jahr schon einmal gewesen.

Auch eine alte Dame. Ein bisschen streng und scheinbar kalt, aber letztendlich ebenfalls ein Mensch, der sich über Zuneigung freute. Ich klopfte, drückte die Klinke und ging hinein.

Im Bett am Fenster lag eine alte Dame und schlief. Sie hatte kurzes Haar, kleine Hände und trug eine himmelblaue Strickjacke. Wie ich später erfahren sollte, war das ihr liebstes Stück, und was ich auch noch nicht ahnte war, dass ich eines Tages um die Jacke kämpfen würde.

Kaum, dass ich mich hingesetzt hatte, wachte sie auf und lächelte mich an. Ich wusste, dass sie bereits dement war, aber ihr Lächeln wirkte unfassbar liebevoll und erfreut, sodass ich ihre Hand nahm. Sie zog sie nicht fort und umschloss meine Finger stattdessen mit ihrer zweiten Hand.

»Ich bin die Manuela«, sagte ich. »Ich würde Sie gern hin und wieder besuchen kommen. Ist das in Ordnung für Sie?«

»Kennen wir uns?«

»Nein, bis jetzt noch nicht. Ich bin oft hier im Haus und habe gehört, dass Sie neu bei uns auf der Station sind. Wenn ich etwas für Sie tun kann, dann tu ich es gern.« Ich weiß bis heute nicht, was uns auf Anhieb so verbunden hat, aber seit diesem Moment hatte ich das Gefühl, für Elisabeth immer da sein zu wollen. Sie hatte zwar Familie, die sie oft besuchte, aber irgendwie fühlte ich mich ihr verbunden. Und auch wenn sie noch nicht so schwach war, dass man gleich daran denken musste, sich bald schon wieder zu verabschieden, war ich mir natürlich bewusst, dass sie mit gut neunzig Jahren keine sehr lange Begleitung mehr brauchen würde. Ich nahm mir fest vor, ihr das Leben noch so angenehm wie möglich zu machen.

Wir gingen viel spazieren. Das heißt, ich holte sie ab, half ihr dabei, sich entsprechend warm oder luftig anzukleiden, setzte sie in den Rollstuhl und fuhr mit ihr durch den Ort. Mal waren wir Eis essen, mal auf ein Getränk in der Pizzeria. Sie lernte meine Kinder kennen. Und hin und wieder traf ich ihre Kinder und Enkel. Alles war so angenehm wie bei den anderen Patienten auch. Nur ein bisschen herzlicher und inniger. Und zeitaufwendiger.

Ich begann, morgens eine Stunde früher aufzustehen, um alles erledigt zu haben und um rechtzeitig zum Frühstück im Pflegeheim zu sein. Ich begleitete sie zum Arzt und zu den Gottesdiensten im Haus. Wir kauften neue Pantoffeln für sie, weil die alten auf den Trittstücken des Rollstuhls immer abrutschten. Es gab selten Tage, an denen ich unter zwei Stunden bei ihr war.

Es war mir einfach wichtig. Die Stunden, in denen ich an meinen Büchern arbeitete, verlagerten sich immer weiter in die Zeit, wenn meine Kinder schliefen. Und irgendwann war es so, dass ich morgens neben Elisabeths Bett saß, wenn sie aufwachte, und am Abend, wenn sie einschlief. An einem Morgen hatte sie unverwandt meine Hand genommen und gesagt, dass sie sich wünschte, dass ich ihre Mutter gewesen wäre.

Zigmal hatte ich bis dahin gehört, dass sich Patienten gewünscht hätten, mich zur Tochter zu haben. Auf den Gedanken, mich zur Mutter haben zu wollen, kam zuvor aber niemand. Aber Elisabeth hatte recht. Genauso fühlte es sich an.

Ich hatte also neben meinen beiden eigenen Kindern noch ein drittes, das im Heim auf mich wartete. Und so kam es, dass wir außerordentlich viel Zeit miteinander verbrachten.

An guten Tagen, oder wenn Elisabeth ausreichend anderen Besuch hatte, ging ich schon nach wenigen Minuten wieder nach Hause und konnte in Ruhe noch arbeiten oder mit meinen Kindern spielen. An schlechten zog ich meinen Pyjama am Abend wieder aus, wenn die Kinder schliefen, schlüpfte in meine Jeans und lief noch einmal zum Heim, um zu sehen, ob Elisabeth ruhig schlief und alles in Ordnung war. Es war, als sei mein eigenes Kind im Krankenhaus und nicht eine alte Dame, die ich nur ehrenamtlich betreute.

In den letzten zwei Wochen vor ihrem Tod war es tatsächlich so, dass ich bei ihr war, wenn sie einschlief, und auch, wenn sie aufwachte.

Die Leitung meines Hospizvereins betrachtete die Intensität meines Einsatzes mit Sorge. Aber ich wollte nicht darüber nachdenken. Es war meine Berufung. Konnte die mich wirklich überfordern? Ich ignorierte es.

Im Untergeschoss fanden die Gottesdienste für jene Heimbewohner statt, die es nicht mehr bis zur Kirche im Viertel draußen schafften. Es mussten immer mehrere Pfleger und Besucher mithelfen, um die Bewohner mit ihren Rollstühlen und Rollatoren ins Untergeschoss zu bringen. Ich begleitete mehrere Patienten. Und natürlich Elisabeth. Wir saßen nebeneinander in der ersten Reihe und weil sie müde schien, legte ich meinen rechten Arm um sie. Die Selbstverständlichkeit, mit der sie ihren Kopf an meine Schulter lehnte, rührte mich. Ich weiß nicht, ob sie tatsächlich ein bisschen geschlafen hat, aber ich versuchte, mich so wenig wie möglich zu bewegen. Wenn sie Ruhe brauchte, dann sollte sie die auch bekommen.

So ging es über einige Wochen. Es war ein Montag im Herbst, als ich wieder nach ihr schaute, gleich nachdem meine Kinder in der Schule waren. Alles schien normal. Ich hielt ihre Hand, als sie aufwachte. Sie lächelte wie immer und meinte nur: »Ach du.«

Ich sprach ein wenig mit ihr und half beim Frühstück. Danach sollte sie gewaschen werden. Die letzten Tage waren gut, sie könnte ein bisschen vom noch warmen Oktober genießen, war der Plan. Die Intimsphäre der Patienten ist mir heilig. Deswegen verlasse ich beim Waschen das Zimmer. Es sei denn, ich werde bei der Pflege gebraucht. Dann bleibe ich natürlich.

Im Speisesaal sprach ich mit Frau Guth. Eine kleine, kompakte, stets fröhliche Frau und die Zimmernachbarin von Elisabeth. Ich glaube, ich habe Frau Guth in all den Jahren, in denen ich sie kannte, nie grantig oder schlecht gelaunt erlebt. Sie fröstelte ein bisschen und bat mich, ihre Jacke zu holen. Kein Problem. Bis sie selbst im Zimmer und wieder zurück wäre, hätte sie sicher schon den Grund ihres Weges vergessen, dementsprechend wollte ich das gern erledigen. Vor dem Zimmer lauschte ich kurz. Waren sie schon fertig mit Waschen und Ankleiden bei Elisabeth? Ich blickte rasch hinein und erschrak. Elisabeth lag gekrümmt und steif im Bett. Sie krampfte offensichtlich, und die Pflegerin, die sie soeben gewaschen hatte, kam mir aufgeregt entgegen. Sie erzählte, dass Elisabeth aus heiterem Himmel in diese Muskelstarre gefallen ist. Keine weiteren Anzeichen. Ich ging hinein und trat ans Bett. Elisabeth war sicher nicht mehr ganz bei Bewusstsein, ihr Körper war steif, ihr Blick starr und die Atmung flach. Diese Anstrengung würde sie nicht lange durchhalten. Ich bat die Pflegerin um zwei Minuten. Der Krampf würde nicht ewig dauern und gleichgültig, was wir täten, wir würden den Sterbeprozess nicht behindern. Wenn der letzte Weg so beginnen sollte, dann würden wir es auch schaffen. Ich war zum einen sehr aufgeregt und besorgt, zum anderen aber auch absolut ruhig. Was immer passieren sollte, ich würde ihr beistehen. Am Bettrand sitzend sprach ich Elisabeth immer wieder an. »Kannst du mich hören?« Sie reagierte kaum. Dann versuchte ich, in ihren Blick zu gehen. Das heißt, ich suche auf kurze Distanz Augenkontakt. Sie nahm mich wahr. Das spürte ich. »Kannst du mich hören, Elisabeth? Ich bin da. Hast du Schmerzen?« Sie gab einen Laut von sich, der nicht nach Schmerz, wohl aber nach Angst klang. Ich nahm sie in den Arm. Die Situation war schwer auszuhalten. Ich nahm ihr Gesicht wieder nah heran vor mein eigenes. »Ich werde mit den Kindern reden. Ja? Soll ich das?« Nun kam ein Laut, der nach Bestätigung klang. Ich fragte erneut. Und sie presste ein »Ja. Bitte« heraus. Ich hatte den Eindruck, dass der Krampf langsam nachließ. Sehr langsam, und damit nicht schnell genug für die Pflegerin, die durch das, was sich abspielte, schon fast ein bisschen panisch war. Sie tat das, was sie für richtig hielt und für Elisabeth vermutlich das Falscheste war, was sie hatte tun können. Sie rief den Notarzt.

Mittlerweile hielt ich Elisabeth immer noch fest im Arm und sie klammerte sich an mich. Ich konnte nicht fassen, dass unsere Zeit so plötzlich und so schnell zu Ende sein sollte, und tat etwas, was viele nicht verstehen werden. »Elisabeth, bitte. Wir schaffen das, bevor der Notarzt kommt. Ich bin bei dir. Bitte, bitte bevor der Notarzt kommt.« Ich heulte Rotz und Wasser. Wurde mir doch bewusst, dass ich sie bat zu sterben. Wusste ich doch genau, was nun passieren würde.

Als Erstes sah ich den großen Krankentransporter. Meine Station befindet sich im Erdgeschoss. Elisabeths Zimmer hatte das Fenster zum Eingangsbereich. Ich konnte sehen, wie der

Wagen hielt und zwei Männer zügig ausstiegen. Im zweiten Wagen hielt der diensthabende Notarzt.

Immer noch lag Elisabeth in meinem Arm. Ich wollte sie genauso wenig loslassen, wie ich eines meiner Kinder hätte loslassen wollen. Schon nach wenigen Momenten hörte ich die schweren Schritte im Flur. Die drei Männer betraten das Zimmer und verschafften sich einen kurzen Überblick. Auch wenn die Krämpfe bei Elisabeth schon deutlich nachgelassen hatten, war sie immer noch steif und schaute die Sanitäter mit großen Augen an. Der Notarzt wollte den Blutdruck prüfen und hieß einen der Sanitäter die Jacke aufzuschneiden, weil sich der Ärmel nicht weit genug hochschieben ließ. Der Anblick der Schere an dem hellblauen Ärmel rüttelte mich wach. Ich riss mich so sehr zusammen, wie ich nur konnte, und sagte, dass das nicht passieren werde. Ich würde ihr die Jacke ausziehen. Sie sei ihr wichtig und ich kriegte das sicher hin. Wirklich erfreut war der fremde Besuch im Zimmer dadurch nicht. Kostete es doch Zeit.

So behutsam ich konnte, schob ich die Jacke über die Schulter von Elisabeth. Als ich zumindest eine Seite ihres Körpers aus dem hellen Blau der Jacke gewunden hatte, maß der Sanitäter den Blutdruck und der Arzt machte mir und der diensthabenden Schwester klar, dass die Patientin nun mitgenommen und ins Krankenhaus gebracht würde. Mein Albtraum begann und Elisabeth hielt meine Hand so fest sie konnte und schaute mich immerzu an.

Ich weiß ja, dass der gerufene Notarzt so handelte, wie er es eben tun musste. Dass er nichts tat, um mich oder jemanden zu verletzen, aber dennoch hätte ich mir gewünscht, dass er nicht gerufen worden wäre. Elisabeth jetzt ins Krankenhaus zu bringen, bedeutete, sie einem Stress auszusetzen, der ausschließlich schlecht für sie war. Und dennoch konnte ich es nicht aufhalten. Die Stationsschwester verständigte Elisabeths Kinder, aber es war zu knapp, als dass einer direkt mit ihr hätte fahren können.

Kurzerhand rief ich in der Schule und bei der Nachmittagsbetreuung der Kinder an. Zusätzlich bat ich meine Mutter zu kommen und nach den Kindern zu sehen. Sie würden es schon alles hinkriegen. Ich selber packte meine Handtasche und ein paar Sachen für Elisabeth zusammen. Ich würde mit ihr mitfahren ins Krankenhaus. Sie sollte nicht allein sein.

Auf der Fahrt ins Krankenhaus blickte ich mich immer wieder um. Durch das Fenster hinter den Vordersitzen konnte ich sehen, dass Elisabeth immer noch recht angespannt auf der Liege lag. Zur Sicherheit war sie festgeschnallt. Das ist für den Transport völlig normal. Dennoch fühlte ich mich bei diesem Anblick schlecht. Ich wusste, dass Elisabeths Tage gezählt waren, aber der Gedanke, sie nun im Krankenhausbetrieb zu wissen, wo alles bloß noch funktionieren und keiner wirklich nach ihr schauen würde, tat mir weh. Kaum angekommen, war ich schon wieder an ihrer Seite. Es ging zur Notaufnahme. Bei der Aufnahme machte ich die Erfahrung, dass die Wahrheit manchmal ziemlich dämliche Folgen hat. Auf die Frage, wer ich denn sei, antwortete ich wahrheitsgemäß mit »Hospizhelferin« – und zack, wurde ich von Elisabeth getrennt. Sie würde jetzt untersucht werden und dann würde man mich wieder zu ihr lassen. Hätte ich mal gesagt, dass ich ihre Enkelin sei.

So kam es nämlich, dass ich während vier Stunden Wartezeit immer mal wieder an der Information nach Elisabeths Befinden fragen musste, bis man mir schließlich mitteilte, dass ich schon seit drei Stunden hätte neben ihr sitzen können. In dem mit Vorhängen abgeteilten Aufnahmeraum saß schon ihr ältester Sohn. Wir umarmten uns kurz und ich erzählte ihm davon, was am Morgen geschehen war und wo ich die letzten vier Stunden verbracht hatte.

Er war schon seit zwei Stunden bei ihr und es tat ihm leid. Vor allem, dass ich so lange habe warten müssen. Seine Mutter schlief.

Und das tat sie noch weitere zwei Stunden. Als sie wieder aufwachte, hielt sie meine Hand. So wie am Morgen schon und am Vorabend auch. Sie lächelte. Die Gnade der Demenz hatte die vergangenen Stunden offenbar gelöscht. Wir erklärten ihr, wo sie sei, und sie nickte bloß, als ob das selbstverständlich wäre, dann geleiteten ihr Sohn und ich sie hinauf zur Station. Sie würde in einem Doppelzimmer untergebracht werden. Auf die Frage, wie lange eine Unterbringung geplant sei, konnte man mir keine Antwort geben. Und wenn es mir irgendwie möglich gewesen wäre, dann hätte ich sie sofort wieder mit zurück ins Heim genommen. Dort hätte ich die ganze Nacht bei ihr bleiben können. Hier war das nicht möglich. Elisabeths Sohn verabschiedete sich. Hier würde er nichts mehr tun können. Er hatte recht. Morgen würde er wiederkommen. Und ich bedeutete ihm, dass ich noch ein bisschen bleiben würde.

Telefonisch sagte ich meiner Einsatzleitung Bescheid. Sie beendete das Gespräch mit einem: »Pass du auch auf dich auf.« Und ich wollte gar nicht daran denken, dass sie sich womöglich mittlerweile auch um mich Sorgen machte.

Das zweite Bett im Zimmer war mit einer netten jungen Frau belegt. Ich erzählte ihr von Elisabeth und dass ich mich um sie sorgte. Ich gab ihr meine Handynummer. Nur für den Fall, dass sich der Zustand der alten Dame verschlechtern würde. Man sollte mich bitte sofort rufen, wenn irgendetwas Besonderes geschehen würde. Ich würde mein Handy eingeschaltet lassen und in Bereitschaft bleiben. Dann sah ich wieder zu Elisabeth. Sie war nun ein bisschen wacher. Sie lächelte. Und sie musste aufs Klo. Ich rief nach der Schwester. Auf das Problem mit der Toilette gab es eine kurze ernüchternde Antwort: Bettpfanne.

Im Heim wäre das nicht passiert. Dort kannten sie Elisabeth und ihre Bedürfnisse. Hier im Krankenhaus wurde effizienterweise auf weitere Umstände verzichtet.

Ich schloss kurz die Augen. Wer auch immer schon mal auf solch einem Ding sein Geschäft erledigen sollte, der weiß, was es bedeutet. Und was Elisabeth anging, wusste ich, dass es nicht funktionieren würde. Ich fragte nach Unterstützung, aber die Schwester konnte mir nicht weiterhelfen. Also machte ich mich in den umliegenden Stationen auf die Suche nach einem Toilettenstuhl. Wir würden das schon hinkriegen.

Zehn Minuten später war ich zurück. Elisabeth half selbst dabei, sie hochzuziehen und auf den Stuhl gleiten zu lassen. Dann fuhr ich sie ins Badezimmer und zog mich kurz zurück. Nachdem alles erledigt war, legte ich Elisabeth wieder in ihr Bett.

Ich umarmte sie und versprach, am kommenden Morgen zu kommen, sobald die Kinder in der Schule wären. Um kurz nach acht Uhr würde ich da sein. Dann bat ich die Zimmernachbarin erneut um Aufmerksamkeit und einen Anruf für alle Fälle.

Im Schwesternzimmer hinterließ ich ebenfalls meine Nummer. Groß geschrieben, auf gelbem Papier. Mit der Bitte, mich unbedingt anzurufen, falls sich Elisabeths Zustand verschlechterte. Ich würde dann sofort kommen.

Auf dem Weg zur S-Bahn und nach Hause hatte ich ein ungutes Gefühl. Aber ich hoffte, dass sie gut versorgt sei. Es wäre ja nur für eine Nacht. Morgen würde ich sie wiedersehen.

Kaum waren die Kinder in ihren Schulen, wollte ich mich auf den Weg machen. Aber ein Anruf auf meinem Handy kam mir zuvor. Es war Elisabeths Schwiegertochter. Ich kannte und mochte sie. Eine nette Frau.

Elisabeth war in den frühen Morgenstunden verstorben, teilte sie mir mit. Die Ärztin hatte wohl gemeint, dass sie bereits damit gerechnet habe, deswegen hätte sie Elisabeth in ein Extrazimmer verlegt. Eine Schwesternschülerin wäre hin und wieder in das Zimmer gegangen und hätte nach ihr gesehen.

Ich musste mich sehr zusammenreißen, um nicht loszubrüllen, warum mich diese Ärztin nicht angerufen hätte, wenn es so absehbar war. In einem Einzelzimmer hätte ich bei ihr sein können. Aber ich weiß, dass es keinen Sinn gehabt hätte. Elisabeths Schwiegertochter würde mir auf diese Frage keine Antwort geben können. Das System in Krankenhäusern sah manches schlichtweg nicht vor. Ich setzte mich ins Auto und fuhr los. Ich wollte sie wenigstens noch einmal sehen, bevor alles seinen Weg ginge.

Im Zimmer waren ihre Kinder schon versammelt, auch die Schwiegertochter, die mich gleich informiert hatte. Sogar zwei ihrer Enkelkinder waren mit im Raum. Alle nahmen Abschied und jedem würde sie fehlen. Ich blieb nur kurz und ging dann noch mal in den Empfangsbereich der Station.

Es waren andere Ärzte vor Ort, und natürlich konnten sie mir keine Antwort geben, als ich auf den gelben Zettel wies, der immer noch da war, wo ich ihn am Vorabend hingehängt hatte. Es war vorbei und tat mir leid. Es hat wohl so sein sollen. Warum auch immer.

Zwei Wochen nach Elisabeths Tod hatten wir Supervision. Ich war noch immer niedergeschlagen, hatte mich aber bereits wieder auf der Station umgesehen, ob mich in den nächsten Tagen jemand braucht. Nach der üblichen Runde im Stuhlkreis und einer genauen Schilderung meiner letzten Wochen kam das Thema darauf, dass auch ich meine Grenzen habe. Und ganz offensichtlich habe ich sie übersehen oder schlichtweg übergangen. Der Ton in unseren Supervisionen ist immer freundlich und fürsorglich. Aber der Inhalt dessen, was mir dann von unserer Einsatzleitung gesagt wurde, gefiel mir auf Anhieb überhaupt nicht.

»… dementsprechend wirst du in den nächsten drei bis sechs Monaten keine Begleitungen mehr machen. Du kannst zu Besuchen kommen, aber ansonsten möchten wir dich bitten, vorerst ein wenig kürzerzutreten und keine Patienten mehr zu übernehmen.«

Im ersten Moment war ich fast wütend. Sie konnten mir doch nicht verbieten, nach meinen Patienten zu sehen. Es war schließlich »meine« Station. Und schon im nächsten Augenblick war mir klar, dass allein die Wut auf die Anordnung, jetzt einmal einen Gang herunterzuschalten, Grund genug war, um es wirklich zu tun. Sie hatten völlig recht. Ich hatte es übertrieben. So viele Stunden im Heim. Immerhin hatte ich auch noch zwei Kinder, einen Haushalt, einen Beruf und ein ganzes Leben zu leben. Zu sehr war der Fokus auf das Helfen gerichtet. An und für sich kein schlechter Zug, aber wenn ich so weitermachte, dann würde ich mich vollständig aufreiben. Ich war ja schon jetzt kurz davor.

Weniger als fünf Stunden Schlaf, meine Arbeit und mein Ehrenamt hatten seinen Tribut gefordert. Ich war gereizt und unausgeglichen. Keine gute Basis für mein Leben. Auch nicht für meine Patienten. Sie hatten recht und ich war ihnen dankbar. Es war ein gutes Gefühl zu spüren, dass ich nicht allein war. Nicht mit meinen Patienten und auch nicht mit mir selbst.

Elisabeth würde für ein paar Monate also der letzte Mensch sein, den ich seine letzten Tage über begleitet hatte. Es fühlte sich richtig an. Ich würde mir die Zeit nehmen, um wieder zu mir zu finden und mich von ihr zu verabschieden. Auf der Station wurde ich derweil von einer Kollegin unterstützt. Es war gut und richtig. Und wenn ich wieder ganz bei mir war, dann könnte ich auch wieder Menschen zur Seite stehen. Denn als Hospizhelfer brauche ich Energie. Wenn ich die nicht mehr habe, dann bin ich auch keine gute Begleiterin. So einfach ist das.

Es ging hier schließlich nicht darum, ein unbewusstes Helfersyndrom auszuleben. Meine selbstgewählte Aufgabe war es, Menschen am Lebensende zu bereichern. Nicht, mein eigenes Leben zu opfern. Das hätte sich keiner meiner Patienten von mir gewünscht. Und so sollte auch ich selbst es sehen.

Still und leise und mit roten Rosen

Hedda war eine Institution in unserem Wohnbereich. Sie war höchstens einen Meter und fünfzig groß und immer auf den Beinen. Wenn sie jemanden mochte, dann knuddelte sie ihn einfach auf dem Flur. Ihr Frohsinn steckte an. Egal, wo man sie traf, sie sorgte immer dafür, dass man lächelte. Noch mit achtzig hatte sie Bauchtanz gemacht und irgendwo im Schrank lagen entsprechende Kostüme. Jetzt war sie fast neunzig und tanzte nur noch selten. Ihre Demenz war nicht mehr zu verleugnen, aber das tat ihrer Lebensfreude keinen Abbruch. Hedda gehörte zu denen, die von allen geduzt wurden. Nicht aus mangelndem Respekt, sondern weil sie es so wünschte. Jeder nannte sie Hedda, und sie nannte jeden »mein Schatz«.

Wenn sie mich im Eingangsbereich traf, dann fragte sie: »Weißt du, wo wir hier sind?«

»Ja, Hedda, das weiß ich.«

»Wo denn?«

»Bei dir zu Hause, Hedda.«

»Hab ich ein Glück.«

Dann lief sie wieder hastig ein paar Schritte weiter, schaute sich ein Bild an, das schon lange im Flur hing, und freute sich darüber, als entdeckte sie es zum ersten Mal. Hedda war dement, aber Hedda war fröhlich.

Es war im Winter, als sie begann, sehr schnell körperlich abzubauen. Sie lief kaum noch herum und sie sprach immer weniger. Aber immer noch nannte sie jeden »mein Schatz«.

Längst hatte ich begonnen, Hedda nun in ihrem Zimmer zu besuchen. Ich saß dann neben ihr, mal gemeinsam mit einem ihrer Söhne oder jemandem von den Pflegern und mal allein.

Im Englischen heißt es, dass jemand »verblasst«. Bei Hedda konnte man förmlich zuschauen. Die kleine, früher so lebhafte Frau wirkte, als ob sie im Bett täglich schrumpfte. Ihr vorher rundes Gesicht wurde immer schmaler, der wendige und kompakte Körper zehrte aus. Ihre Hände waren bald nur noch halb so breit wie die meinen. Und nur noch sehr selten schaffte sie es aufzustehen und ein paar Schritte zu gehen.

Im Schwesternzimmer sprachen wir viel über Hedda. Jeder mochte sie und war traurig über ihre Entwicklung. Wir diskutierten darüber, warum sie sich so schwer tat loszulassen, waren uns aber letztendlich darüber einig, dass sie wohl noch auf ihren zweiten Sohn wartete, mit dem sie sich vor vielen Jahren zerstritten hatte. Wie man mit Hedda in Streit geraten konnte, wusste ich nicht, aber sowohl sie als auch ihr Sohn werden einen Grund gehabt haben.

Telefonisch war er schon lange darüber informiert, dass seine Mutter sich bald auf die Reise machen würde. Seine Antwort war, dass ihn das nicht interessiere und er auch nicht vorhabe zu kommen. Für ihn existierte sie schon lange nicht mehr. Ich musste jedes Mal schlucken, wenn ich so etwas zu hören bekam. Aber auch dieses Mal war mir klar, dass es mir nicht zustand, hier in irgendeine Richtung zu urteilen. Selbst, wenn ich mir natürlich ausschließlich »Happy Ends« gewünscht hätte, bei denen Menschen wieder zusammenfanden. Das Leben ist kein Märchenbuch. Und wenn es eines wäre, müsste man akzeptieren, dass es auch das eine oder andere sehr unangenehme Ende gab.

Hedda starb also jeden Tag ein bisschen mehr vor sich hin. Dennoch war sie immer noch für Überraschungen gut. Eines

Tages rief mich Schwester Anke an und meinte, dass es nun wohl zu Ende ginge. Ich trug schon meinen Pyjama, warf mir nur rasch einen Pullover über, zog den Mantel an und machte mich zu Fuß auf den Weg. Erst nach der Hälfte der Strecke bemerkte ich, dass ich noch meine Pantoffeln trug. Es war mir egal. Wenn ich schnell bin, dann schaffe ich die Strecke in weniger als fünf Minuten. Da kann ich nicht vielen begegnen, die ich angesichts meines Pyjamas, der Pantoffeln und des Wintermantels durcheinanderbringen könnte. Mir war ohnehin viel wichtiger als mein Kleidungsstil, dass Hedda nicht allein starb.

Anke hatte recht. Die alte Dame lag still und ruhig, als sei sie schon verstorben. Aber ihre Atemzüge waren ohne Aussetzer. Die folgenden vier Stunden saß ich dann also recht bequem und müde an ihrem Bett und hörte ihr beim Atmen zu. Erst, als ich mir sicher war, dass ihre Atmung zu stabil war, um heute noch aufzuhören, schlurfte ich wieder nach Hause. Hedda würde sicher sterben. Aber noch nicht heute Nacht.

Als ich am nächsten Vormittag wieder ins Heim kam, traf mich fast der Schlag. Ihre Zimmertür stand sperrangelweit offen. Und Hedda kam mir entgegen. Schwach und langsam zwar, aber auf ihren eigenen Beinen. Sie wirkte orientierungslos, aber hin und wieder lächelte sie kurz. Es war traurig zu sehen, wie wenig von unserer Hedda noch da war. Aber es war schön zu wissen, dass sie uns noch ein bisschen erhalten bleiben sollte.

Wenige Tage später lag sie dann wieder still und leise in ihrem Bett. Sie mochte Berührungen und deswegen hielt ich fast ununterbrochen ihre Hand.

Hedda liebte Hildegard Knef. Und sie liebte das Lied »Für mich soll's rote Rosen regnen«. In ihrem Zimmer befand sich eine Geburtstagskarte, die beim Öffnen genau dieses Lied spielte. Wann immer man sie öffnete. Sie stand neben ihrem Bett auf dem Nachtkasten. Wenn ich sie auseinanderklappte, begann Heddas Gesicht sich zu entspannen und ein Lächeln machte sich breit.

Unzählige Male nahm ich die Karte in die Hand, um zu erleben, wie sich diese Entspannung über ihr Gesicht zog und die Spannung ihres Körpers nachließ. So lange, bis die Melodie kaum noch zu hören war. Die Batterien mussten alle sein. Ich nahm mir vor, so schnell wie möglich noch einmal so eine Karte zu kaufen.

Aber was sollte ich bis dahin tun? Ich stand auf und kontrollierte, ob Fenster und Türen geschlossen waren. Dann setzte ich mich wieder ans Bett und nahm ihre Hand.

»Für mich soll's rote Rosen regnen, mir sollen sämtliche Wunder begegnen, die Welt sollte sich umgestalten und ihre Sorgen für sich behalten.« Ich sang gerade laut genug, dass Hedda mich hören konnte, und wieder begann sie zu lächeln.

Nun verhält es sich so, dass bei der Verteilung meiner Talente die Sangeskünste ziemlich weit hinten anstanden. Schon auf der Entbindungsstation wurde ich durch entsprechende Blicke gebeten, nicht zu singen, weil ich die Kinder damit nur unruhig machen würde.

Eigenen Gesang gab es bei mir also nur im Auto oder unter der Dusche. Und selbst dann nur, wenn sonst niemand im Haus war.

Und nun saß ich hier und brachte Hedda mit meiner Singerei zum Lächeln. Ihre Finger drückten ganz sanft meine Hand. So kam es, dass ich die halbe Nacht die Hildegard Knef gab und froh war, dass aus den Nebenzimmern keine Beschwerden kamen.

Die Karte mit dem Lied fand ich am nächsten Tag in keinem der umliegenden Schreibwarenläden. Infolgedessen sang ich auch künftig weiter für sie. Wenn es ihr guttat, dann sollte es eben genauso sein.

Den Text kenne ich bis heute noch.

Hedda starb an einem Morgen ganz früh. Still und leise ging sie, kurz bevor ich mich zu meinem Besuch aufmachte. Vielleicht sollte es so sein. Ihren älteren Sohn hat sie nicht mehr erlebt. Er wird seinen Frieden mit sich machen. Das wünschte ich ihm, denn für alles andere war es ja nun zu spät.

Bei der Beerdigung hing mein Kranz rechts neben dem Sarg. Auf der Banderole stand »Für dich soll's rote Rosen regnen. Alles Liebe, Manuela«. Und auf dem Heimweg summte ich die Melodie vor mich hin und ich erinnerte mich an unsere Begegnung.

»Hallo Hedda, ich bin Manuela.«

»Hallo, mein Schatz, lass uns tanzen.«

Gehen, wenn alles gut ist

Frau Winkelmacher war eine meiner ersten Patientinnen nach der Ausbildung und ich begleitete sie über mehrere Jahre. Sie war im Kopf noch richtig fit und wir unterhielten uns über viele Dinge.

Bei Patienten, die um 1920 geboren waren, war ich mir natürlich im Klaren darüber, dass sie den Krieg auf der einen oder anderen Seite miterlebt hatten. Oft sprachen auch die Fotos in ihren Zimmern wahre Bände. Aber nie habe ich ein Gespräch auf Bereiche gelenkt, über die ein Patient oder eine Patientin nicht reden wollte.

Frau Winkelmacher wollte nicht über den Krieg reden, obwohl er sicher ein zentrales Thema in ihrem Leben war, und es war in Ordnung. Einem Bekannten, der irgendwann mal meinte, ob ich denn auch alte Nazis begleiten würde, konnte ich nur sagen, dass es sich bei meinen Patienten in erster Linie um Menschen handelt. Auf welcher Seite, für oder gegen wen sie einst gekämpft haben, ist ihre Geschichte, ihr innerer Frieden oder Unfrieden. Ich hole meine Patienten an der Stelle ab, an der sie stehen, und urteile nicht über die Verfehlungen oder Errungenschaften ihres Lebens.

Mit Frau Winkelmacher ging ich spazieren. Schon längst nannte ich sie Charlotte und sie mich Manuela, verblieben aber ansonsten beim Sie. Charlotte saß dann in ihrem Rollstuhl und erklärte mir, was gerade auf den Feldern wuchs und wie in ihrer Jugend angebaut wurde und was man wie zubereitete.

Auch die Tage mit ihrer Familie waren wirklich schön. Wir saßen zusammen, lachten, erzählten uns Geschichten und der Tod hielt sich sehr weit fern.

Im letzten Jahr meiner Begleitung wurde das Haus gerade gebaut, in dem ich jetzt lebe. Ständig fragte Charlotte, wie denn der derzeitige Baustand sei: »Ist der Keller trocken?«, »Ist das Dach nun schon eingedeckt?«, »Heizen Sie mit Öl oder Gas?« Selbst als ich ihr die Geothermie erklärte, verstand sie alles auf Anhieb und war interessiert. Immer wieder sagten wir alle ihr, dass sie unbedingt noch das fertige Haus erleben müsse. Das war ihr Wunsch, aber auch meiner. Zu diesem Zeitpunkt führte jedoch nur ein holpriger Weg bis zum Haus. Zu schlecht befahrbar, als dass ich es wagen wollte, sie mit dem Rollstuhl hinzufahren. Ausgerechnet jetzt fing Charlotte an, immer mal wieder schwächere Tage zu haben. Sie saß nicht mehr bei allen Mahlzeiten auf ihrem Platz im Speisesaal, sondern musste häufig in ihrem Zimmer am Ende des Flures versorgt werden.

So saß ich dann dort an ihrem Bett, wenn ihre Tochter oder die Söhne keine Zeit hatten, und las ihr vor.

Je mehr Charlotte abbaute, umso stärker war ihre Angst vor Stille. Ich suchte und fand in meinem Keller eine CD-Sammlung von Geschichten, die von Schauspielern eingelesen waren. Und wann immer Charlotte nun allein war, ließen die Schwestern oder jemand aus der Familie eine dieser CDs laufen. Warme, angenehme Stimmen, die der alten Dame die Einsamkeit der Stille nahmen.

Eines der letzten Male, als Charlotte vorn im Gemeinschaftswohnzimmer saß, hielt sie meine Hand und schaute mich neugierig an.

»Werden Sie dabei sein, wenn ich sterbe, Manuela?«

»Das weiß ich nicht Charlotte, aber ich werde es versuchen.«

»Was werden Sie dann tragen? Was wird passieren?«

»Was und wie es passieren wird, weiß ich auch nicht. Aber ich werde eine bequeme Hose, einen Pulli und dicke Socken tragen. Das tue ich, damit ich so lange bei Ihnen bleiben kann, wie Sie mich eben brauchen. Unbequeme Sachen müsste ich zum Abend hin wechseln.«

Sie nickte verstehend. Dann sprachen wir wieder darüber, dass der Frühling in diesem Jahr hoffentlich nicht mehr so lange auf sich warten lässt.

Charlotte hat den Frühlingsbeginn nicht mehr ganz geschafft. Und sie hat mich auch nicht mehr in Jogginghose und dicken Socken erlebt.

Ich war auf dem Weg zum Arzt, als ich den Anruf ihres Sohnes erhielt. Sofort als ich seine Stimme hörte, wusste ich, dass es passiert sein musste. Langsam ließ ich meinen Wagen auf dem Seitenstreifen ausrollen. Und sagte ihm, dass ich in zehn Minuten da sei. Ich sagte meinen Termin ab und drehte um. Ausgerechnet Charlotte. Ich wäre so gern bei ihr gewesen.

Wenige Minuten später kam ich in ihr Zimmer. Ihre Kinder umarmten mich. Wir kannten uns ja nun schon sehr lange und ich schämte mich nicht eine Sekunde, dass ich heulend am Bett ihrer Mutter saß. Wie lang war es gewesen? Drei Jahre? Nein. Viereinhalb. Eine lange Zeit. Immer wieder hatte ich zwischen ihrem Zimmer und denen von sterbenden Patienten gewechselt. Nun sollte diese Zeit vorbei sein. Sie würde mir sehr fehlen.

Im Schwesternzimmer wurde mir später erzählt, wie es passiert ist. Schwester Britta hatte Charlotte im Badezimmer gewaschen. Dabei hatten sie sich unterhalten. So, wie sonst auch. Irgendwann hätte Charlotte dann gefragt: »Britta, haben Sie mich eigentlich noch lieb?«

»Aber natürlich, Lotti«, hatte Britta gesagt. »Natürlich habe ich dich lieb. Und alle anderen hier lieben dich auch.«

Im nächsten Moment sei die alte Dame zusammengesackt. Herzstillstand.

Als ich diese Geschichte hörte, musste ich fast ein bisschen lächeln. Ist es nicht schön, wenn man bei Sinnen das 94. Lebensjahr erreicht hat und das Letzte, was man gesagt bekommt, ein »Wir lieben dich« ist?

Dass Charlotte das Haus nie gesehen hat, traf mich sehr. Gern hätte ich ihr noch alles gezeigt oder zumindest einen Kaffee auf der Terrasse getrunken. Aber es hat nicht sollen sein. Als meine auf Charlotte folgende Patientin Frau Vordermeier wenig später den Wunsch äußerte, das Haus zu sehen, zögerte ich nicht eine Minute. Ich packte sie in ihrem großen und schweren blauen Liegerollstuhl warm ein und schob sofort los. Der holprig-matschige Weg durfte kein zweites Mal ein Hindernis sein. Schwester Editha rief uns noch nach, wohin wir denn so schnell wollten, und ich antwortete: »Nach Hause. Nur einen Moment.«

Mitten aus dem Leben

Frau Klenk ging es sehr schlecht. Mit fast hundert Jahren gehörte sie eindeutig zu den Älteren unter den älteren Semestern. Ich kannte sie gut und mochte sie sehr. Stets saß sie an ihrem Platz. Hellwach, absolut bei Sinnen und immer gut frisiert und ordentlich in Strickjacke und Rock gekleidet.

»Der Herrgott hat mich wohl vergessen«, meinte sie, da er – ganz in ihrem Sinne – keinerlei Anstalten machte, sie zu sich zu holen.

Als ich hörte, dass sie schon seit Tagen nur noch in ihrem Zimmer war und schwach im Bett lag, wollte ich natürlich auch zu ihr.

»Sie übertreibt vielleicht ein bisschen«, ließ mich meine Lieblingsschwester Anke wissen.

Wie oft habe ich hinter Frau Klenk in ihrem Stuhl vorbei einen Sarg nach draußen begleitet? Fünf Mal? Acht Mal? Immer wenn ich zu ihr kam, erkundigte sie sich nach den Patienten, die ich begleitete, und immer wieder wies sie darauf hin, dass auch sie nun bald einmal fällig sei. Eigentlich kaum denkbar, bei der Schärfe ihrer Sinne und der humorvollen Art.

Wie würde sie wohl reagieren, wenn sie mich nun an ihrem Bett sehen würde? Würde sie wissen, dass es vielleicht schlechter um sie stand als bisher? Würde ich ihr Angst machen?

Mit der Klinke in der Hand stand ich vor der Tür. Zum

ersten Mal hatte ich Sorge, dass nun auch eine Patientin ein schlechtes Gefühl bekommen könnte, wenn ich sie besuchte.

Was hätte sie mir gesagt, wenn ich ihr diese Fragen im Speisesaal gestellt hätte? Vermutlich hätte sie bloß gelacht. Ich atmete tief ein und betrat mit immer noch gemischten Gefühlen das Zimmer der alten Dame.

Schwester Anke meinte, dass sie erst vor wenigen Minuten aufgegessen und sich dann zu Bett begeben hätte. Es hatte Kartoffelpüree und Gulasch gegeben.

Als ich um das Bett herumging, sah ich als Erstes ihr ordentlich frisiertes Haar. Sie lag mit geschlossenen Augen auf dem Kissen, ihre Hände waren verschränkt auf der Bettdecke und sie trug ihre gemusterte Strickjacke. Im Mundwinkel erkannte ich in der Tat noch eine Spur vom Kartoffelpüree.

Was ich als Nächstes erkannte, war, dass Frau Klenks Brustkorb sich nicht im Schlaf hob und senkte. Sie lag ganz still und friedlich da. Frau Klenk war tot.

Vermutlich war sie in den Momenten gestorben, in denen ich noch über diesen Besuch nachgegrübelt hatte. Somit waren all die sorgenvollen Gedanken im Vorfeld hinfällig. Ich blieb noch einen Moment bei ihr sitzen. Dann stand ich auf, ging nach vorn und wandte mich Anke zu. »Jetzt hat Frau Klenk wirklich übertrieben.«

Anke schaute mich mit großen Augen an.

»Sie ist soeben verstorben.«

»Ist nicht dein Ernst?« Anke legte die Unterlagen, die sie gerade bearbeitet hatte, aus der Hand. Dann gingen wir zurück zu dem Zimmer, in dem die alte Dame langsam das Rosa aus dem Gesicht verlor. Sie sah so unfassbar friedlich aus. So als wollte sie sagen: »Schaut, der Herrgott hat mich doch nicht vergessen.«

Es war wunderschön zu sehen, dass diese sympathische Frau offenbar völlig entspannt hinübergeglitten ist.

In einem Moment noch Püree und Gulasch und im nächsten die ewige Ruhe. Gute Reise, Frau Klenk. Und danke, dass Sie meinen Bedenken zuvorgekommen sind.

Allein sein wollen

Anna gehörte zu den ganz Stillen im Heim. Immer freundlich und ruhig. Wenn man sie ansprach und fragte, wie es ihr ging, dann lächelte sie immer nur lieb und meinte, dass alles so weit gut sei. Kein Grund zur Beschwerde. Und dennoch strahlte sie immer eine gewisse Traurigkeit aus. Kein Wunder, waren doch alle ihre drei Kinder vor ihr verstorben. Der jüngste Sohn erst vor zwei Jahren. Angesichts ihres Schicksals hätte sie hart und verbittert sein können. Aber anstatt, dass sie haderte, war sie stets unauffällig, hilfsbereit und liebenswert.

Obwohl Anna auf meiner Station lag, gehörte sie nicht zu »meinen« Patienten. Sie hatte schon seit vielen Jahren Kontakt zu einer auch von mir sehr geschätzten Kollegin.

Ich hatte Anna am Vormittag noch gesehen und wunderte mich entsprechend, als Beatrix, die Kollegin, spät am Abend anrief und meinte, dass sie sich um Anna Sorgen mache. Ich fragte nach und erfuhr, dass die Patientin nach dem Pfarrer gefragt und sich von ihren Angehörigen verabschiedet habe.

Diese Informationen verwunderten mich, hatte ich sie doch noch wenige Stunden zuvor in ihrem Rollstuhl zum Essen fahren sehen. Ich dachte mir nichts dabei und wurde erst wieder an Anna erinnert, als mich am nächsten Vormittag Schwester Patrizia anrief. Anna läge nur noch im Bett. Beatrix sei bei ihr.

Mir war bewusst, dass sich die Dinge manchmal extrem schnell entwickelten. Aber dass ein Mensch sich derart wünschen kann, über den Zeitpunkt seines Ablebens zu bestimmen, ohne medizinisch einzugreifen, war mir neu.

Ich entschloss mich, die Kinder zum Nachmittagsunterricht zu bringen und dann die Zeit zu nutzen, um meine Kollegin zu entlasten.

Als ich um 14:30 Uhr das Zimmer betrat, war ich erneut zutiefst überrascht. Anna, die mich gestern noch aus ihrem Rollstuhl heraus angelächelt hatte, lag nun friedlich, als ob sie schliefe, in ihrem Bett. Aber sie schlief nicht. Sie hatte sich eindeutig schon auf den Weg gemacht. Beatrix sah meinen Blick und hob nur kurz ihre Schultern. Auch sie konnte sich die rasche Entwicklung nicht erklären.

»Ich habe jetzt Zeit bis kurz nach vier, Beatrix.« Ich umarmte sie und setzte mich auf den anderen freien Stuhl. »Wenn du magst, bleibe ich so lange und du kannst etwas erledigen.«

Meine Kollegin freute sich, war sie doch beruflich und familiär nicht ganz so flexibel wie ich.

Sie stand auf, zog ihren Mantel an und verabschiedete sich still von Anna. Sie würde wiederkommen, bevor ich ginge. Dass sie sie dann nicht mehr lebend antreffen würde, ahnten weder Beatrix noch ich.

Kaum hatte sie das Zimmer verlassen, stand ich wieder auf und beugte mich über das Bett.

»Liebe Anna. Ich bin jetzt da, die Manuela. Wenn es so sein soll, dann bin ich dabei. Aber ich muss um kurz nach vier wieder fort.« Dann setzte ich mich wieder hin. Ich sagte das nicht, um zu drängeln oder weil es sein musste, es fühlte sich nur so an, als ob Anna mit dieser Information noch etwas anfangen konnte.

So saß ich, schloss ein paar Momente die Augen und war plötzlich wieder hellwach. Es waren nur dreißig Minuten, seitdem ich das Zimmer betreten hatte, und die Atmung der Patientin hatte sich vollständig verändert.

Es war offensichtlich, dass sie sich in ihrer allerletzten Lebensphase befand. Ich stellte mich an ihre Seite, legte eine Hand neben ihren Kopf und eine auf ihre rechten, auf der Decke liegenden Finger. Sie atmete aus, ein und ein letztes Mal aus. Und dann war sie tot. Einfach so. Keine Unruhe, keine weitere Ankündigung. Anna ging unfassbar stark, dass ich zögerte, gleich die Schwester zu rufen. Es hatte keine Eile. Sie hatte ihr Tempo auf beeindruckende Art und Weise selbst bestimmt. Und es war so, als ob sie mich gern dabeigehabt hätte. Wieder einmal lernte ich, dass es manch einem gelingt, sogar über sein Sterben noch eine gewisse Kontrolle zu haben. An Zufälle mochte ich nach all den Jahren kaum noch glauben. Wenige Jahre später erlebte ich eine ähnliche Situation.

Es war ein männlicher Patient, der sich auf die Reise machte. Die Familie von Herrn Fritz war zum Niederknien fürsorglich. Sobald der alte Herr signalisierte, dass seine Tage gezählt waren, erarbeitete die Familie quasi einen Betreuungsplan. Rund um die Uhr würde jemand bei ihm sein. Tag und Nacht. Ein Sohn, eine Tochter, ein Enkel, Nichte, Neffe oder Freunde der Familie. Der Zettel mit den Besuchen hing zum einen an der Tür und ein weiterer lag auf dem Nachttisch. Im Zimmer von Herrn Fritz befanden sich somit immer mindestens zwei Menschen. Er selbst und ein naher Verwandter oder Freund. Alle wollten sichergehen, dass er nicht allein und einsam versterben sollte.

Dass ich als Hospizhelferin damit überflüssig war, lag auf der Hand. Ich freute mich. Ich mochte Herrn Fritz zwar auch, aber wer sollte ihn besser versorgen als die Menschen, die ihn liebten?

So ging das nun schon seit gut neun Wochen.

Nie blieb jemand weg oder ließ seinen »Wachdienst« ausfallen. Und nie hat sich einer von ihnen beschwert. Als ich in einer ruhigen Phase dennoch mal mit am Bett saß, unterhielt ich mich mit einem der Neffen.

Es war rührend zu erleben, wie wichtig es ihnen war, einen von ihnen im letzten Moment an seiner Seite zu wissen. Noch nicht einmal zur Toilette wurde gegangen, wenn der nächste Verwandte zur Wachablösung noch nicht da war. Mittlerweile hatte Herr Fritz, auch wenn er schon lange nicht mehr wach war, die Gelegenheit gehabt, sich von allen zu verabschieden. Irgendetwas schien ihn aber dennoch zurückzuhalten. Jede Minute stand er vor dem letzten Schritt, aber er ging nicht.

Es war ein Dienstagmorgen, als ich dann erfuhr, dass er es doch geschafft hätte. Herr Fritz war tot. Ich ging in sein Zimmer, um mich von ihm zu verabschieden, und traf dort einen überaus geknickten Enkel an.

Er war der Letzte, der an der Seite des Verstorbenen gewacht hatte. Ich fragte ihn, was los sei. Sie hätten ja nun wirklich alles getan, um ihm den letzten Weg zu erleichtern.

Der Enkel setzte sich auf den Stuhl, auf dem er die vergangenen Stunden verbracht hatte, und meinte nur, dass das nicht ganz richtig sei. Was war geschehen? Ich wollte es gern wissen. Als er mit seinem Bericht fertig war, konnte ich ihn trösten. Es war nämlich so, dass er, als er sicher war, dass sein Großvater regelmäßig atmete und keine Unruhe zeigte, den Gang zur Toilette gewagt hatte. Und als er sofort, nach weniger als einer Minute zurückkam, musste er feststellen, dass sein Opa gestorben war. Still und leise. Und ganz allein. Er war erschüttert. Und er fühlte sich schuldig.

Es dauerte eine Weile, bis der Enkel begriff, dass er seinem Großvater die einzige Möglichkeit gegeben hatte, auf die er offenbar gewartet hatte. Nämlich allein zu sterben.

So schön es ist, Menschen auf ihrem letzten Weg zu begleiten, so sicher ist auch, dass einige in diesem Moment allein sein wollen. Sie versterben, wenn sie sich von allen verabschiedet oder noch einen Moment »abgewartet« haben.

Wir haben es nicht in der Hand. Weder den Zeitpunkt noch das Wie. Aber letztendlich ist es etwas, das wir alle können. Alleine oder in Gesellschaft. Sterben.

Und so sollten wir auch die Art des Sterbens anderer Menschen akzeptieren. Die Art zu sterben, muss nicht meinen Wünschen entsprechen. Es ist individuell, so wie das Leben auch.

Den Tod annehmen

Oft werde ich gefragt, wie das mit dem Sterben eigentlich so ist. Aber wir Hospizhelfer wissen nicht, wie »Sterben« geht. Wir kennen vielleicht einige Vorgänge und Anzeichen. Aber keiner von uns »weiß«, wie der geliebte oder auch nur bekannte Angehörige diese Erde verlässt. Allerdings gibt es ein paar Erfahrungen, die sich ähneln.

Es scheint leichter zu sein, mit dem Tod eines Menschen umzugehen, als mit seinem Sterben. Der Tod ist ein Zustand, mit dem man sich abfinden muss und auch kann. Das Sterben ist ein Prozess. Auf Prozesse möchte man – je nach Verlauf – Einfluss nehmen. Das ist beim Sterben aber kaum möglich.

Der Sterbeprozess wird am Anfang häufig verleugnet. Vor sich selbst, aber auch vor dem Sterbenden. Und dabei ist ein klärendes Wort oft eine Erleichterung für alle Beteiligten.

Das Ausschließen des Unvermeidlichen schwächt oft mehr, als es hilft. Der Sterbende versucht, die den Tod verleugnenden Angehörigen vor dem schlechten Gefühl, vor der Ohnmacht und dem Schmerz zu beschützen, den sein Sterben mit sich bringt. Das kostet ihn selbst viel Kraft. Die Sorge gilt dann dem Sohn, der Tochter, dem Freund, der Schwester oder wem auch immer. Anstatt sich einfach auf das Ende vorzubereiten, wird verschleiert und verschönt.

Und der begleitende Angehörige versucht, den Sterbenden vor Angst und Schrecken zu schützen, den der nahende Tod mit sich bringen könnte. Es wird von Heilung und einer Zukunft gesprochen, die es einfach nicht mehr gibt. Von Plänen für den Sommerurlaub oder dass man sicher den hundertsten Geburtstag auch noch miteinander feiert.

In den vielen Jahren meiner Sterbebegleitung habe ich die Erfahrung gemacht, dass, sobald das nahende Ende als solches erst einmal Thema war, Erleichterung eintrat. Aber auch das hat seine Grenzen. Dem Sterbenden, der noch nicht so weit ist, sein Ende in Erwägung zu ziehen, permanent Vorschläge für Grabplatz und Sterbebilder unter die Nase zu halten, geht dann doch zu weit. Alles hat seine Zeit. Alles hat sein Tempo. Im Sterben gilt das Tempo des Sterbenden. Er und seine Empfindungen sollten im zentralen Mittelpunkt stehen.

Im Prinzip ähneln sich die Phasen vor und nach dem Tod. Wenn jemand todkrank ist, heißt es oft: »Es wird schon wieder.« »Wenn der Papa wieder gesund ist.« »Die Ärzte kriegen sie schon wieder hin.« Dann folgt Wut und in manchen Fällen Schuldzuweisung: »Ich habe ihm hundert Mal gesagt, dass er nicht rauchen soll.« »Wenn wir bloß darauf geachtet hätten, dass sie abnimmt.« »Er hätte schon viel früher in ärztliche Behandlung gemusst.« Schließlich folgt die Auseinandersetzung mit der Krankheit oder dem drohenden Sterbegrund. Es wird gegoogelt, Wikipedia bemüht, man befasst sich mit Ärzten oder dem Unfallhergang. Erst dann – und auch nicht in jedem Fall – wird akzeptiert, dass jemand stirbt. »Der Papa wird das Krankenhaus nicht mehr verlassen.« »Das war Mamas letzter Sommer.« »Ich bin froh, dass wir uns noch ausgesprochen haben.«

Nach dem Tod gibt es genau die gleichen Phasen:

Erste Phase: Verleugnung des Todes. »Das kann doch nicht wahr sein.« »Ich fasse es nicht.« »Wie konnte das passieren?« »Ich kann es nicht glauben, er war doch noch gar nicht so alt.« »So schlimm sah es doch gar nicht aus.«

Zweite Phase: Wut, Zorn, Angst, Schuldzuweisung. Auch an die Adresse des Verstorbenen. »Diese Scheiß Ärzte waren gar nicht richtig für ihn da.« »Das Drecks-Motorrad. Ich habe es immer gehasst.« »Bis zuletzt ein Egoist. Die Medikamente nicht zu nehmen. Er wusste genau, was er uns damit antut.«

Dritte Phase: Beschäftigung mit dem Leben des Verstorbenen, Auseinandersetzen mit dem Verlust. »Da hat er immer gern gesessen, der Hans.« »Schau mal Mamas Lieblingstasse.« »Den Sommer hat die Helga immer am liebsten gemocht.«

Vierte Phase: Akzeptanz des Todes. »Ich vermisse die Mama.« »Da wo sie jetzt ist, geht es ihr besser.« »Wie schön das Grab aussieht. Es hätte ihm gefallen.«

Wenn es in beiden Fällen zur Akzeptanz kommt, beim Sterben und nach dem Tod, bedeutet es jedoch nicht, dass damit die Trauer vorbei ist.

Im Prinzip kann man sagen, dass das Sterben eines Menschen und die Auswirkungen auf sein Umfeld fast so vielfältig sind wie sein Leben.

Schmerzfrei und leicht

Es gibt »Sterbebegleitung« und es gibt »Sterbehilfe«. Der Unterschied ist groß. Bei der Sterbehilfe wird unheilbar erkrankten und todgeweihten Menschen geholfen, das letzte Stück des Weges abzukürzen. Im Ergebnis hat Sterbehilfe sicherlich eine Berechtigung. Ich lehne Sterbehilfe nicht ab und möchte Sterbehilfe nicht verteufeln, ich möchte mich nur mit dem, was ich tue, davon distanzieren. Als Sterbebegleitung verändere ich an der Lebenszeit eines Patienten aktiv nichts und unterstütze ihn auch nicht dabei, seinem Leben selbst ein Ende zu setzen. Und auch, wenn ich dem ein oder anderen Menschen einen zügigen, schmerzfreien Tod von Herzen gönne und sein Leiden gern verkürzt oder gemildert sähe, würde ich persönlich hier niemals eingreifen. Auch dann nicht, wenn mich Menschen, die ich mag, darum bitten.

Dazu eine Geschichte. Ich saß am Bett von Frau Neuer nun schon den vierten Tag in Folge zusammen mit ihren beiden Töchtern. Die beiden Frauen waren mir wahnsinnig sympathisch. Sie waren vielleicht fünf oder zehn Jahre älter als ich und genau die Art Mensch, mit der ich auch in meiner Freizeit gern zusammen gewesen wäre. Stets saßen sie mir auf der anderen Seite des Bettes gegenüber. Frau Neuer hatte sich schon auf den Weg gemacht. Das letzte Mal, dass wir sie bei Bewusstsein erlebt hatten, lag schon gute 72 Stunden zurück. Es häuften sich Zeichen, dass es nicht mehr allzu lange dauern sollte. Sie lag ruhig und offensichtlich schmerzfrei im Bett. Irgendwann begann sich ihr Körper zu rühren. Sie fasste in die Luft und gab Seufzer von sich. Auch ihr Gesicht verzog sich hin und wieder. Nicht im Schmerz, vielmehr in einer Art Arbeit. Und hin und wieder lächelte sie auch.

Die Töchter beugten sich besorgt über sie. Eine weinte.

»Kann man ihr nicht irgendwie helfen?«

»Wie meinen Sie das?« Ich ahnte bereits, worum es ging.

»Leidet sie nicht? Wir möchten nicht, dass sie leidet. Kann man ihr etwas geben, dass es schneller geht?«

Ich schüttelte den Kopf.

»Zum einen leidet ihre Mutter nicht.« Ich zeigte ihr im Gesicht ihrer Mutter, woran sie es erkennen konnte, »und zum anderen schafft sie es ganz allein. Und wir tragen sie ein Stück des Weges.«

Was es für sie als Töchter bedeuten würde, ihrer Mutter aktiv beim Sterben zu helfen, vermied ich zu sagen, denn es gibt Dinge, an denen trägt man schwerer, als man meint. Mitunter sein Leben lang.

»Wir wissen nicht, was Ihre Mutter gerade durchlebt. Vielleicht geht sie in diesem Moment ihren Schulweg entlang. Vielleicht verliebt sie sich gerade in Ihren Vater. Vielleicht ist sie auf dem Weg zur Entbindung oder sie streitet sich mit der Nachbarin. Es hat alles seine Richtigkeit.«

Beide Töchter setzten sich wieder. Auch weiterhin kam hin und wieder ein fragender Blick, ob das Verhalten ihrer Mutter normal wäre, und immer wieder konnte ich bestätigen, dass ihre Mutter das mit dem Sterben ganz hervorragend meisterte.

Je ruhiger ihre Töchter mit der Zeit wurden, umso entspannter wurde auch die im Bett liegende Mutter.

Als sie sich dann ganz still und leise verabschiedete, standen wir an ihrem Bett und berührten sie alle ganz leicht. Wenn es einen schönen Tod gab, dann gehörte das Sterben von Frau Neuer sicherlich dazu.

Später bedankten sich die beiden Töchter herzlich bei mir. Sie haben mit er- und getragen, nicht eingegriffen, sondern in Liebe begleitet. Sie waren stolz auf ihre Mutter und auf sich ebenfalls. Und das konnten sie auch sein.

Ich möchte mir gar nicht vorstellen, wie sie sich gefühlt hätten, hätte man tatsächlich beschleunigend eingegriffen. So haben sie ihre Mutter in deren Tempo begleitet. Bis über den letzten Moment hinaus – in Liebe.

Hilfe für die Helferin

Ich mag keine Vereine. Eigentlich. Man findet sich zusammen und spricht über das, was einen verbindet, zahlt Beiträge und wenn man vergisst zu kündigen, dann bleibt man inklusive Zahlung Mitglied, bis einem wieder einfällt, dass da doch mal was war. Das gilt für den Sportverein meist genauso wie für den Angel-, Schach- oder Hasenzüchterclub. Der Ausdruck »Vereinsmeierei« bringt es für mich hier schon recht gut auf den Punkt. Aber meine Zusammenarbeit mit dem »Hospizverein Kirchheim« hat mich hier durchaus eines Besseren belehrt.

Im Rahmen des Vereins gibt es bei uns nicht nur die Verteilung der anfallenden Dienste. Es werden fortwährend Schulungen und Informationsveranstaltungen angeboten. In Workshops und Seminarwochenenden kann man sich spezialisieren oder weiterbilden.

Das Beste an unserem Verein ist aber – neben den Mitgliedern – die Supervision. Etwa alle vier Wochen treffen wir uns und tauschen uns aus. Unter der Anleitung eines geschulten Supervisors werden Probleme oder aktuelle Begleitungen aufgearbeitet und es wird von den Erfahrungen der anderen profitiert.

Die Supervision beginnt mit einer kurzen Begrüßung im Stuhlkreis. Und dann wird berichtet, an welcher Stelle sich jeder Einzelne gerade befindet. Ob er in einer schwierigen Begleitung ist. Wie er oder sie damit umgeht. Ob und wo zusätzliche Hilfe gebraucht wird und vieles mehr. Auch private Veränderungen oder Schwierigkeiten werden angesprochen, wenn es erwünscht ist.

Auf den ersten Blick wirkt es vielleicht nebensächlich, aber faktisch ist die Supervision für uns alle eine große Stütze. Jeder, der sterbende Menschen begleitet, stößt an Grenzen, die er noch nicht kennt. Mal sind es rechtliche Dinge, mal die eigenen persönlichen Grenzen, die nicht richtig eingeschätzt werden.

Im Rahmen einer Begleitung verlor ich selbst, ohne es zu merken, die Übersicht über meine eigenen Grenzen. Ich war tagelang im Pflegeheim und begleitete die Patientin Elisabeth, die mir sehr am Herzen lag. An mehreren Tagen war ich bis zu achtzehn Stunden vor Ort und hatte längst begonnen, mich selber aufzureiben.

Die Gruppe gab mir Halt und öffnete mir – auch, wenn ich es selbst nicht wahrhaben wollte – die Augen. Ich neige dazu, gern mehr zu geben, als ich eigentlich kann. Das geht bisweilen wirtschaftlich, zeitlich, organisatorisch an meine eigenen Kräfte. In diesen Fällen eine Supervision und eine Gruppe zu haben, die einen ausbremst und vor sich selbst schützt, kann lebensrettend sein.

*Begegnungen und
Erlebnisse auf dem Weg*

Mit dem Rollstuhl auf der A99

Ich komme nicht nur auf die Station, wenn jemand sich auf den Weg macht, um zu gehen. Ich komme nicht, um schnell durchzuzählen, ob noch alle da sind. Im Gegenteil. Ich komme auch einfach so, um »Hallo« zu sagen, mit den Schwestern zu sprechen, zuzuhören, wenn es sein muss, Dinge zu erledigen, eine Hand zu halten und da zu sein. Im Prinzip komme ich an ruhigen Tagen, um ein wenig »Farbe ins Spiel« zu bringen.

Als ich einmal in der Tür zum Schwesternzimmer stand, hörte ich hinter mir leises Quietschen. Im nächsten Moment klatschte mir jemand auf den Hintern. Ich fuhr herum. Herr Römmers versuchte kichernd in seinem Rollstuhl zu fliehen. Der alte Herr war schon knapp über neunzig. Mit wenigen Schritten war ich erst neben, dann vor ihm.

»Herr Römmers«, sagte ich gespielt drohend, »ich würde mir so was an Ihrer Stelle gut überlegen. Sonst sehen wir zwei mal, wie schnell ein Rollstuhl auf der A99 werden kann.«

Ich wusste, dass er die Ironie in meinem strengen Ton nicht erkannte, aber er saß immer noch kichernd vor mir und schaute mich hinter seiner Brille mit blitzenden Augen an.

In seiner Demenz hatte er überhaupt kein Unrechtsbewusstsein, was seinen »Angriff« anging. Er war sich keiner Schuld bewusst, sondern fühlte sich eher wie ein kleiner Junge, der einem einen Streich spielte. Deswegen konnte ich sofort lachen. Einen schwer dementen Menschen zu erziehen, lag und liegt mir fern. Lachen ist in diesem Fall – wie so oft – die einzig richtige und angemessene Reaktion.

Herrn Römmers kannte ich schon lange. Als er noch mehr bei klarem Verstand war, sprachen wir oft lang und ausgiebig davon, gemeinsam durchzubrennen und dann irgendwo auf Kuba oder in Brasilien wie die Hippies zu leben. Jedes dieser Gespräche endete damit, dass ich das aber nur machen würde, wenn er mich heiratete und ich mir ein Brautkleid besorgen würde. Ja, wir hatten oft reichlich Spaß auf der Station.

Als er gegen Ende seines Lebens bettlägerig geworden war, brachte ich ihm und mir einmal ein Weißbier mit. Er hatte so oft über Bier gesprochen, dass ich ihm diese Freude machen wollte. Was ich nicht bedachte, war die Hefe im Bier. Ich habe damit dafür gesorgt, dass die Nachtschwester ausgiebig mit ihm und dem Wechseln von Bettbezügen beschäftigt war. Es tat mir leid. Ich lernte daraus und beließ es beim nächsten Mal bei einem kleinen Pils.

Herr Römmers starb allein. Sooft die Pfleger, Schwestern oder auch ich bei ihm waren, am Ende entschloss er sich, allein zu gehen. Im Morgengrauen nach einer ruhigen Nacht atmete er einfach nicht mehr. »Gute Reise, Herr Römmers.« Aus dem gemeinsamen Durchbrennen wird leider nichts mehr.

Begleitung unerwünscht

Man kann manches viele Jahre lang machen. Und dennoch gibt es immer wieder Momente, in denen man fassungslos ist im Zusammenhang mit Reaktionen von anderen. Sogar, wenn man es irgendwie nachvollziehen kann.

Frau Strang war gestürzt. Ich kannte sie gut, war sie doch eine der ältesten Bewohnerinnen auf der Station. In der Regel begrüßte ich sie immer nur freundlich und wechselte ein paar Worte mit ihr. Sie würde mich als Hospizhelferin nicht brauchen. Das freute mich. Sie hatte drei Töchter, die sich abwechselnd oder gemeinsam um sie sorgten. Sie bekam fast täglich Besuch und brauchte auch keine Hilfe beim Essen oder im Badezimmer. Ständig war jemand da und versorgte sie mit Dingen, die sie brauchen konnte, oder leistete ihr einfach nur Gesellschaft. Frau Strang war schon fast 90, aber sie war rüstig und eine angenehme, lebhafte Person.

Als ich dieses Mal die Station betrat, wurde mir erzählt, dass die alte Dame auf der Terrasse gestolpert und hingefallen sei. Eine Platzwunde am Kopf und einige Prellungen an Knie und Oberkörper waren das Ergebnis. Folglich saß sie nun auch nicht am Tisch mit den anderen Bewohnern der Station, sondern lag in ihrem Zimmer. Ihre Töchter seien bei ihr, hieß es. Ich habe mit nichts anderem gerechnet.

Ich ging den Flur entlang, klopfte an und betrat das Zimmer mit den hellen Gardinen.

Noch bevor ich ein Wort sagen konnte, sprangen die anwesenden Töchter auf und hoben abwehrend die Hände.

»Wir brauchen Sie nicht. Mama stirbt nicht. Sie hat sich nur verletzt. Es geht ihr gut.«

Ich versuchte freundlich darauf hinzuweisen, dass ich nicht gekommen war, um nach einer Sterbenden zu sehen, sondern dass ich ihrer Mutter nur einen kurzen Besuch abstatten wollte. Immerhin kannten wir uns und es war nicht unüblich, einfach mal so bei den Patienten der Station vorbeizukommen – nur um »Hallo« zu sagen.

Die Töchter ließen sich jedoch überhaupt nicht beruhigen. Ihrer Mutter ginge es schon wieder ganz prima, meinten sie. Eine der Töchter hatte Tränen in den Augen. Es war so, als sähen sie mich mit einer schwarzen Kutte und einer Sense über der Schulter. Den Blick streng auf die Sanduhr in meiner Hand gerichtet und den Tod im Gepäck.

Obwohl, oder eben weil sie mich so lange kannten, verbanden sie mit mir und der Hospizarbeit nur Tod und Sterben und nicht Leben und Unterstützung.

Als ich das Zimmer verließ, war ich von der Situation mehr betroffen, als ich gedacht hatte. Ich hatte den Eindruck, völlig falsch wahrgenommen worden zu sein, und ich fürchtete, ihnen lange nicht begreiflich machen zu können, dass sie meinen Besuch völlig falsch interpretiert hatten. Als Hospizhelferin wollte ich doch nicht als Botin für ein baldiges Ende wahrgenommen werden und die Patienten ängstigen. Es bedarf wahrlich noch viel an Aufklärung, um solche Vorstellungen auszuräumen. Und ich werde nicht aufhören, dazu beizutragen.

Konzerte, Hunde und Kinder

Hunde, Katzen und vor allem Kinder wurden von den Bewohnern des Heims schon immer gern gesehen. Eigentlich alles, was lebt und irgendwie ein anderes Tempo in den Tagesablauf bringt.

Mittlerweile gingen meine beiden Kinder schon lange zur Schule. Mein Sohn war in der fünften Klasse des Gymnasiums und meine Tochter ging noch zur Grundschule. Beide wussten über meine Hospizarbeit Bescheid und unterstützten mich, wie sie es in ihrem Alter eben konnten. Und beide Kinder machten Musik. Mein Sohn bekam seit einigen Jahren Klavierunterricht und meine Tochter spielte auf ihrer Gitarre schon länger so, dass man die Stücke nicht nur erkennen, sondern auch schön finden konnte. Auf eigene Initiative entschlossen sie sich, sich im Seniorenheim ebenfalls einzubringen. Und zwar in Form von Mini-Konzerten. So kam es, dass meist zwei Patienten in der Cafeteria fünfzehn Minuten lang in ihren Rollstühlen sitzend zuhörten, was meine Kinder auf Gitarre und Klavier zum Besten gaben. Immer im Wechsel standen Nicky und Noémi auf, sagten das betreffende Stück an und legten dann los. Natürlich hatten sie hier nicht Chopin oder Carlos Santana am Start, aber meine Kinder bemühten sich und freuten sich an der Freude, die sie mit ihrem Spiel bereiteten. Und für die Patienten waren diese Minuten eine Abwechslung zum sonst oft recht eintönigen Leben im Heim. Und ja, ich war schon sehr stolz, selbst wenn nicht jeder Ton getroffen wurde.

Sosehr es mir leidtat, dass die Kinder mich oft mit der Sorge um meine Patienten teilen mussten, so sicher war ich, dass auch sie begriffen, was es bedeutete, für andere da zu sein. Einfach so. An Tagen, an denen ich sehr oft oder auch sehr lange auf meiner Station war, kam mich vor allem meine Tochter hin und wieder besuchen. Mittlerweile kannte sie die meisten Patienten und hatte auch keine Berührungsängste. Selbst an Herrn Tritschler traute sie sich vorbeizugehen. Der alte Herr hatte eine Form des Tourette-Syndroms und stieß oft und laut Beschimpfungen aus, die selbst in den fiesesten Hafenkneipen noch Leute hätten erröten lassen. Dabei saß er gern in langen Unterhosen und Bademantel auf dem roten Sofa im Gang.

Noémi drückte sich anfangs an der Wand entlang an ihm vorbei, damit sie mich irgendwo erreichen konnte. Es sah aus, als befürchtete sie, dass er sie anspringt.

»Verschwinde, du altes Arschloch!«, »Verpiss dich, du tote Sau«, gehörten noch zu den netteren Ansprachen. Dass ein kleines Mädchen dabei schon mal Angst kriegen konnte, lag auf der Hand.

Während Herr Tritschler also schimpfte und »sein« Sofa im Flur gegen fremde Eindringlinge verteidigte, klopfte er auch mal mit einem Lächeln auf das Polster an seiner Seite. Er wollte, dass man sich zu ihm setzte. Einfach so. Er war ja – bis auf seine verbalen Ausrutscher – absolut harmlos und wünschte sich Gesellschaft. Irgendwann kam ich den Flur entlang und sah meine Tochter neben ihm sitzen. Mit einem kleinen Sicherheitsabstand zwar, aber dennoch recht entspannt. Über irgendwas unterhielten sie sich sogar, und mein Kind winkte mir fröhlich zu. Ich ließ die beiden noch ein Weilchen beieinander. Herr Tritschler strahlte über das ganze Gesicht. Zu befürchten hatte ich ja nicht wirklich etwas. Außer, dass meine Tochter Schimpfwörter lernte, für deren Verwendung ich mich in der Schule hätte rechtfertigen müssen. Aber das waren nur Befürchtungen. Vor allem angesichts der Freude des alten Mannes.

Herr Tritschler starb an einem Mittwochvormittag. Morgens wurde er noch von zwei seiner Lieblingsschwestern gebadet. Er liebte das. Auch das anschließende Ausruhen in seinem Lehnstuhl genoss er.

An diesem Mittwoch fluchte er weniger und lächelte viel. Und als eine der Schwestern nach einer halben Stunde nach ihm schaute, lächelte er immer noch. Nur er lebte nicht mehr. Er ging in Frieden.

Meine Tochter Noémi malte ihm zum Abschied ein Bild vom roten Sofa. Ich legte es in sein Grab.

Gute Reise Herr Tritschler.

Jeden kann es treffen

Ich war fast drei Wochen in den Ferien gewesen. Club-Urlaub mit den Kindern. Und ich freute mich auf den Abend mit Supervision und den Hospizkollegen. Bevor es losgehen sollte, wollte ich aber noch einmal kurz auf die Station gehen und mich einfach sehen lassen. Es dürfte alles ruhig sein, nahm ich an. Über Zwischenfälle unter den Patienten hatte ich mich schon informiert. Im Schwesternzimmer war niemand anzutreffen und auch Patienten liefen kaum noch durch den Flur. Aus einem Zimmer hörte ich laut den Fernseher tönen. Frau Geck war sehr schwerhörig, dementsprechend wurden nun auch die Nachbarzimmer mit flotter Volksmusik beschallt.

Um sicherzugehen, nahm ich das Trauerbuch mit und setzte mich auf das Sofa am Ende des Ganges. Ich blätterte hindurch und musste an vielen Stellen lächeln. So viele liebe Erinnerungen. Und immer wieder der Gedanke, dass so viele schon vor langer Zeit gegangen sind. Je näher ich an das aktuelle Datum kam, umso frischer waren die Erinnerungen. Und dann blätterte ich auf die letzte beschriebene Seite.

Mir blieb schier das Herz stehen. Ich blätterte zurück, dann wieder vor. Ich schloss das Buch. Das ist doch das Trauerbuch? Hier wird mit Anzeigen und Unterschriften an die Verstorbenen der Station erinnert. Wieder öffnete ich es und blätterte hastig vor. Ich konnte, ich wollte nicht glauben, was ich dort sah. Von dem Foto lachte mich breit und fröhlich der Martin an. Sein grauer Schnauzbart, die Geheimratsecken. Ich hatte das Gefühl, als hätte mich jemand mit aller Gewalt in den Magen und vor den Kopf geschlagen.

Wieder kontrollierte ich die Daten. Es gab zwei. Wie immer auf diesen Seiten. Das Geburtsdatum und den Sterbetermin. Auch hier bei Martin. Dann schloss ich das Buch und hielt es fest umklammert. Martin war mein Lieblingspfleger. Er war nur knapp über fünfzig Jahre alt geworden. Wir hatten unendlich viele Stunden bei Patienten verbracht, er war herzlich, fröhlich und eine Seele von Mensch und jetzt war er tot. Später erfuhr ich, dass er nach einem schweren Schlaganfall verstorben war. Einfach so.

Ich saß da und heulte, bis eine der Schwesternschülerinnen kam und mich so fand. Ich kannte sie gut. Auch ihre Mutter war bei uns Pflegerin und ich mochte beide. Zum ersten Mal erlebte mich Caro nun derart aufgelöst, dass sie begann, mich zu trösten. Sie tat mir leid, verunsicherte sie mein Zustand doch enorm, aber ich konnte nichts dagegen tun. Es gab Dinge, mit denen konnte man einfach nicht rechnen. Dinge, die man nicht verstand. Obwohl sie eigentlich ganz einfach sind. Wir Menschen sind sterblich. Zu jeder Zeit. Mit dem Moment unserer Geburt ist uns allen eines gewiss: Wir werden sterben. Aber wenn es dann jemanden aus unserer Mitte reißt, bei dem man im Traum nicht damit gerechnet hatte, dann wirft es uns immer wieder aus der Bahn.

Ich stand auf und ging hinüber zu den Hospizkollegen. Ich wollte mich entschuldigen, hatte ich nun doch überhaupt nicht mehr vor, zur Supervision zu bleiben. Ich wollte allein sein. Allein mit meiner Traurigkeit über das plötzliche Ende eines Menschen, der meines Erachtens doch mitten im Leben gestanden hatte.

Kaum hatte ich erzählt, was passiert war und warum es mir so elendig ging, wurde ich aber sanft auf meinen Stuhl gedrückt. Gerade jetzt sollte ich bleiben. Eben weil es mir nicht gut ging und weil ich trauerte. Wann immer ich in den folgenden anderthalb Stunden einfach so zu weinen begann, wurde mir von der einen oder anderen Seite ein Taschentuch in die Hand gedrückt oder ein Arm um mich gelegt. Vermutlich war es richtig zu bleiben. Wir beschäftigten uns so viel mit den Krankheiten und dem Sterben unserer Patienten, dass wir aus den Augen verloren, dass nicht nur das Leben unserer Patienten zu Ende ging, sondern auch unser eigenes.

Auch in diesen Augenblicken das Team der anderen Hospizhelfer um mich zu wissen, nahm mir zwar nicht die Trauer, half mir aber, mit dem Moment umzugehen. Und auch dafür bin ich heute noch dankbar.

Bin ich hier richtig?

Das Alter bringt es mit sich, dass Körperkräfte, Sinne und oft die Orientierung schwinden. Und das in völlig unterschiedlicher Ausprägung und Geschwindigkeit. Auf der Station, die ich betreue, befinden sich in der Regel Patienten mit mehr oder weniger fortgeschrittener Demenz. Während der eine aber nur mal vergessen hat, dass er die Zeitung schon zweimal gelesen hat, tun sich andere weitaus schwerer.

Im Laufe der Jahre wurde ich von Patienten schon als Ärztin, Pflegerin, eigene Tochter, Schwester, Mutter und Großmutter, Postbotin, Einbrecherin (!), Mit-Patientin, Pastorin, Engel und vieles mehr wahrgenommen.

Es gab Begleitungen, bei denen ich mich jeden Tag aufs Neue vorstellen musste. Dann saß ich am Bett, erklärte zum wiederholten Male, dass ich die Manuela bin und sie oder ihn gerade besuche. Selbstverständlich waren auch die Geschichten, die ich dann zu hören bekam, oftmals die gleichen. Das war nicht schlimm. Es klang immer wieder spannend, denn der Patient erzählte sie mir ja auch immer wieder zum ersten Mal. Also seiner Meinung nach zumindest. Alles, was es dann braucht, ist Geduld.

Bei einer Patientin hatte ich in meiner Anfangszeit einst den Fehler gemacht, ihr gedanklich auf die Sprünge helfen zu wollen. Bei einer Erzählung über ihr Leben als Kind und ihre Familie wusste sie nicht mehr weiter. Anstatt einfach zu warten, übernahm ich für sie und fuhr damit fort, wie der Vater, von dem sie gerade sprach, hieß und dass er sich gern mittags auf die Ofenbank gelegt hatte. Erst nach einigen Momenten wusste ich ihr Erschrecken zu deuten. Stellen Sie sich vor, da kommt ein für Sie völlig fremder Mensch zu Ihnen und der erzählt Ihnen Geschichten und Namen aus Ihrem Leben. Es hatte ja keinen Sinn zu sagen, dass sie mir diese Situation schon etwa acht- oder neunmal erzählt hatte. Für sie war ich fremd. Sie hatte mich nie zuvor gesehen.

Den meisten dementen Personen fallen noch kleinste Details aus ihrer Schulzeit ein. Was sie vor einer Stunde zu Mittag gegessen haben, ist im Gegensatz dazu aber absolut nicht mehr gespeichert. Auch in den Ansichten über sich selbst sind sich manche nicht mehr sicher. Oder sie sind sicher, dass sie im Moment eben erst 36, 50 oder acht Jahre alt sind. Sie davon abzubringen, ist schwierig und eigentlich auch völlig unnötig. Warum sollte ich darauf beharren, dass die Dame vor mir schon bald 90 ist? Viel wichtiger ist doch, wie sie sich fühlt. Einen demenzkranken Menschen nicht ernst zu nehmen, führt oft zu Depressionen oder Aggressionen. Also hole ich ihn dort ab, wo er ist.

Wenn mir also gerade eine Achtjährige im Körper einer alten Dame im Rollstuhl gegenübersitzt, dann frage ich danach, was sie so in der Schule lernt. Ob sie noch weiß, wie ihre Lehrerin heißt, und ob sie sich auf die Ferien freut. In ihrem alten Leben sind diese Menschen oft deutlich besser orientiert als im Hier und Jetzt. Und Orientierung gibt Sicherheit.

Natürlich ist es als Hospizhelferin viel leichter zu ertragen, dass man nicht wiedererkannt wird. Wenn Eltern oder Großeltern ihre Kinder und Enkel aber auf einmal siezen oder als vermeintlich Fremde fortschicken, dann ist das schwer auszuhalten. Oft wird dann gedrängt: »Mutti, ich bin doch die Helga, weißt du das nicht mehr?« Nein, weiß sie zumindest in diesem Moment nicht, und sie meint es nicht böse, auch wenn es wehtut.

»Wie konntest du vergessen, dass der Papa Sepp hieß?« Ganz einfach. Weil die Mutter in ihrer Welt gerade erst zwölf Jahre alt »geworden« ist und einen Sepp noch gar nicht kennt.

»Wie kannst du schon wieder Hunger haben, ihr habt doch erst vor einer halben Stunde gegessen?« Weil ihr Großvater keine Ahnung mehr hat, dass er sich das Gulasch gerade hat schmecken lassen.

Demenz ist mit dem großen Vergessen verbunden. Nicht mit Nicht-Wollen.

Ähnlich ist es mit der Kleidung. Wie soll ein Mensch, für den gerade tiefster Winter ist, wissen, dass der Pelzmantel zu warm ist für die dreißig Grad draußen oder dass man in der dünnen Bluse im Schnee friert? Zumal im schlimmsten Fall auch noch das Wärme- und Kälteempfinden verloren gegangen ist, was gerade im Winter höchst gefährlich ist.

Leicht vorstellbar, dass es keinen Sinn hat, sich mit einem demenzkranken Menschen zu unterhalten, und oft wird darüber nachgedacht, ob Besuche nicht reine Zeitverschwendung sind. Nach dem Motto: Er oder sie hat doch ohnehin gleich wieder vergessen, dass ich da war. Manch einer glaubt auch, dass sein Besuch gar nicht mehr wahrgenommen wird, weil der Besuchte scheinbar völlig teilnahmslos aus dem Fenster sieht. Das ist aber nicht richtig. Es wird sicherlich nicht mehr alles so zur Kenntnis genommen, wie man es aus anderen, früheren Zeiten kennt, aber jede Form der Zuwendung tut gut.

Bei den Besuchen sollte es nicht darum gehen, den Opa oder die Oma wieder zu physischen oder psychischen Höchstleistungen zu bringen. Es geht um Momente, in denen man noch einmal miteinander lacht oder auch nur lächelt, Momente, in denen man sich miteinander wohlfühlt. Selbst, wenn es bald schon wieder vergessen ist. Es geht um den Moment an sich. Und davon gibt es bis zuletzt immer noch viele. Und manchmal tauchen in solch einem Gespräch tatsächlich noch Erinnerungen auf, die sonst in den Tiefen der Demenz verloren gegangen wären. Besuche und Zuwendung helfen. Sie geben hin und wieder Orientierung. Zeitliche oder räumliche Orientierung, unter deren Verlust ein Patient häufig leidet.

Frau Kleimer gehörte zu den Patienten, die schon seit Langem ihre Orientierung vollständig verloren hatten. Manchmal saß sie einfach nur am Fenster, als hätte sie sich in einer Traumwelt verloren, dann wieder versuchte sie, sich zurechtzufinden. Das Problem hierbei war allerdings, dass man Frau Kleimer dann oft nur schwer wiederfand. Sobald sich eine Tür öffnete, ging sie hindurch und wartete vor der nächsten.

Für Menschen mit derartigen Orientierungsproblemen wurde 2006 erstmalig eine sogenannte Schein-Bushaltestelle entwickelt. Gestaltet mit Fahrplan, Bank und Schild, wie eine normale Bushaltestelle auch, befindet sich diese Haltestelle in der Nähe oder auf dem Gelände von Pflegeheimen. Allerdings werden diese Haltestellen nicht angefahren. Viele schwer demente Menschen haben den Drang, wieder »nach Hause« zu gehen. Sie nehmen an, dass sie der nächste Bus wieder dorthin bringt, wo ihnen die Dinge vertraut sind. In ihrer Unruhe suchen sie, wenn es ihnen gelingt, die nächste Bushaltestelle auf und warten dort. Und meistens haben sie schon im Warten vergessen, wo sie denn hinwollten. Manchmal finden sie dann doch wieder zurück in ihr Heim oder werden von Pflegern an der Haltestelle gefunden und dann zurückgebracht in ihr Zimmer. Das klingt einerseits schon fast lustig, ist andererseits aber auch traurig und frustrierend. Tatsächlich konnten so aber schon Menschen davor bewahrt werden, ganz einfach verloren zu gehen.

Tatsache ist, dass demente Menschen täglich Unterstützung in ihrem Leben brauchen.

Egal wie oft Frau Kleimer um Hilfe rief und Orientierung suchte, bemühte ich mich gemeinsam mit den Pflegern darum, ihr diesen einen Moment der Sicherheit zu geben.

»Was gibt es denn, Frau Kleimer?«

»Ich weiß nicht, wo ich bin. Darf ich hier sein? Bekomme ich etwas zu essen?«

»Aber natürlich. Alles ist richtig. Sie sind hier zu Hause. Da vorn mit der grünen Tür ist Ihr Zimmer. Da hängt auch ganz groß Ihr Foto dran. Und wenn es etwas zu essen gibt, dann werden wir Sie holen.«

Dann lächelte sie immer, nickte zufrieden und wiederholte, dass alles in Ordnung ist, sie zu Hause sei und Essen bekäme.

Wenige Worte und nur ein Moment meiner Zeit. Und selbst, wenn Frau Kleimer schon nach wenigen Minuten nicht mehr wusste, wer ich war und was ich gesagt habe, hatte sie doch immerhin einige Minuten ein kleines bisschen Sicherheit und weniger Angst. Und in Sachen Angst und Sorge ist jede Minute weniger davon ein großer Schritt in Sachen Lebensqualität.

Damit es eine gute Wegbegleitung ist

Während manchmal Monate zwischen Sterbefällen lagen, überschlugen sich auf einmal die Ereignisse. Denn in nebeneinanderliegenden Räumen lagen jetzt gleich zwei Menschen im Sterben. Um Energie geben zu können, musste ich selbst genug davon haben. Was aber, wenn ich hier und dort gebraucht wurde und meine Reserven so nahezu aufgebraucht waren? Ich musste mir eingestehen, dass ich förmlich auf dem Zahnfleisch ging, und informierte meine Einsatzleitung. Ich brauchte Unterstützung auf der Station. Niemand hatte etwas davon, wenn ich als Hospizhelferin nicht mehr helfen konnte.

Meine Kollegin Tabitha würde mir bald unter die Arme greifen, hieß es. Schon am übernächsten Tag würde sie kommen. Das war gut. Ich mochte sie. Sie gehörte mittlerweile schon fast zwei Jahre zum Team und konnte fantastisch mit Menschen umgehen.

Sie würde Herrn Polanzcec übernehmen, sodass ich mich um Frau Kriemer kümmern konnte. Zu beiden hatte ich keine sehr enge Verbindung, dennoch wollte ich sie beim Abschied unterstützen. Ihre beiden Zimmertüren waren nur angelehnt und ich schlüpfte auf meinen dicken Socken leise von Raum zu Raum. Bei Frau Kriemer war ich erst das dritte Mal, als sie ihre Augen öffnete und mich unverwandt ansah. Sie sagte kein Wort und dennoch sprachen die Augen Bände. Selten war ein Blick entschiedener als der ihre. Ich beugte mich nach vorn und fragte sie leise und direkt: »Frau Kriemer, Sie wollen gar nicht mehr, nicht wahr?«

Wieder sprach sie nicht, sie lächelte auch nicht, sie blickte nur ernst und entschlossen. Und sie schüttelte bestätigend mit dem Kopf. Sie war so fest in ihrem Blick und dieser Geste, dass ich nicht einen Moment an ihrem festen Wunsch zu sterben zweifelte. Dann schloss sie wieder die Augen, legte sich zurück auf ihr Kissen und atmete ruhig und abwartend. Ich blieb noch einige Minuten sitzen. Ein wenig irritiert, aber unfassbar beeindruckt. Dann stand ich auf und ging hinüber zu Herrn Polanzcec, wohl wissend, dass ich Frau Kriemer nicht lange begleiten würde.

Als ich das Heim verließ, schaute ich ein letztes Mal in das Zimmer von Frau Kriemer hinein. Ihr kleiner Plüsch-Elch war aus dem Bett gefallen und ich legte ihn zurück neben ihren Kopf. Sie schlief ruhig. Ich verabschiedete mich wortlos von ihr, um sie nicht unnötig zu wecken oder von ihrer Reise abzulenken, und ging.

Als man mir am nächsten Morgen sagte, dass Frau Kriemer wenige Minuten nach meinem letzten Besuch verstorben war, überraschte es mich nicht. Ganz im Gegenteil. Es beruhigte mich. Sie ist ihren Weg derart bewusst gegangen, dass es mir den Einfluss auf unser eigenes Sterben bewusster machte denn je.

Herr Polanzcec im Nebenzimmer war wach und blickte an die Decke. Er wusste nichts von Frau Kriemer und befand sich phasenweise in seiner eigenen Welt. Die Fotos an den Wänden zeigten ihn als ausgesprochen attraktiven, stets lächelnden und gut gekleideten Mann in den besten Jahren. Er musste viel gereist sein, denn ich konnte ihn auf den Fotos an vielen mehr oder weniger bekannten Orten auf der ganzen Welt sehen. Und auch jetzt, sterbend im Bett, hatte er von seinem Charme noch nicht alles verloren.

Sein graues Haar war von den Schwestern frisiert worden und sein Pyjama wirkte wie frisch gestärkt. Auch er war sich darüber bewusst, dass diese Reise seine letzte sein würde.

Solange seine Kräfte noch ausreichten, grüßte und verabschiedete er mich freundlich. Mittlerweile starrte er aber nur noch vor sich hin und sprach nicht mehr. Eigentlich eine ruhige Zeit, aber die vielen Sterbefälle der letzten Zeit und der starke Abgang von Frau Kriemer steckten mir tief in den Knochen. Ich freute mich, dass ich nun bald mit Tabitha zusammenarbeiten könnte. Als Hospizhelferin war ich ja schließlich keine Einzelkämpferin an einer einsamen Front. Es ging nicht darum, mich hier engelsgleich und aufopfernd aufzureiben, es ging um die Patienten. Und Herr Polanzcec würde nicht der letzte Patient in der kommenden Zeit sein, das spürte ich bereits. Wie schnell ich allerdings in die nächste lebensverändernde Hospizbegleitung rutschen sollte, ahnte ich in diesem Moment nicht. Die Situation schien sich zu entspannen und ich ging, um mir einen Kaffee zu holen. Bestimmt schon der vierte an diesem Tag.

Rituale geben Halt

Es ist ein eigenartiges Gefühl, zu wissen, dass es mein Gesicht und meine Stimme sind, die oftmals das Letzte sind, das meine Patienten in ihrem Leben wahrnehmen. Die schönsten Hospizbegleitungen sind für mich, wenn ich Familien, die sich Unterstützung beim Sterben eines Angehörigen wünschen, helfen kann. In diesen Momenten geschieht so viel Berührendes, an dem ich teilhaben darf. Wortlos werden manchmal Dinge oder vielleicht auch Zerwürfnisse geklärt. Ein letztes Mal werden der Mutter die Haare gekämmt oder dem Vater die Ärmel des Pyjamas glatt gezogen. Lieder werden gesungen, die die Sterbenden mochten oder einst ihren Kindern vorgesungen haben, oder es wird einfach nur geredet oder geweint. Ich lerne viele Rituale von Familien kennen. Manchmal auch aus anderen Kulturen. Und ich brauche nichts zu tun, außer dabei zu sein.

Wenn die letzte Phase des Sterbens einsetzt, stehe ich auf und stelle mich an das Bett. Meist lege ich eine Hand auf oder neben den Kopf des Patienten und berühre mit der anderen seine Hand oder den Arm. So stehe ich die wenigen Momente, bis der letzte Atemzug vorüber ist. Oft tun es mir anwesende Familienmitglieder gleich. Diese letzten Momente kündigen sich fast immer deutlich an, sodass ich eventuell anwesende Freunde oder Familienangehörige darauf hinweisen kann. Zu sehen, dass der geliebte Mensch einfach ruhig aufhört zu leben, dass er sich nicht in Krämpfen oder unter Schmerzen windet, hilft vielen Menschen beim Abschied.

Erst einige Minuten nachdem der letzte Atemzug vorüber ist, rufe ich dann nach einer Schwester oder dem Pfleger. Jeder Abschied sollte in Ruhe vonstattengehen dürfen. Ohne Hektik. Ob auf einem Totenschein nun 10:15 Uhr oder 10:25 Uhr steht, stört niemanden. Und den Verstorbenen gleich gar nicht. Erst dann wird der Verstorbene in aller Ruhe hergerichtet. Die Haare werden gekämmt, in die verschränkten Hände werden Blumen, ein Kreuz oder das Lieblingsfoto gelegt, Medikamente und Pflegeprodukte fortgeräumt. Meist zünden wir in einer kleinen Laterne eine Kerze an und stellen Blumen auf den Nachttisch.

Ich habe selten friedlichere und leisere Momente erlebt, als direkt nach dem Sterben eines meiner Patienten.

Die Pfleger verständigen den Arzt oder die nicht anwesende Familie, und nachdem ich selbst ausreichend Abschied genommen habe, verlasse ich das Zimmer und schließe die Tür hinter mir.

In Fällen, in denen Angehörige es nicht wagen, den Verstorbenen allein gegenüberzutreten, komme ich gern noch einmal und begleite sie. In der Regel ist meine Anwesenheit allerdings nicht lange nötig. Die Vertrautheit mit dem Verstorbenen ist nicht verschwunden. Und die Angst schnell überwunden.

Mein ganz eigenes und letztes Ritual findet bei der Bestattung statt. Beim letzten Abschied, ganz am Ende der Festlichkeiten, tritt die Trauergemeinde nach und nach einzeln oder in kleinen Gruppen an das offene Grab und verabschiedet sich. Manchmal durch ein kurzes Kopfnicken, manchmal mit lautem Weinen und spürbarer Trauer. Je nach Religion folgt das Benetzen des Grabes mit Weihwasser, es werden ein paar Abschiedsworte gesprochen oder Blumen oder von Kinderhand gemalte Bilder ins Grab geworfen. Dann wenden sich die Trauernden ab und gehen zurück zu den anderen oder verlassen vielleicht auch den Friedhof.

Oft werde ich von der Familie in ihre Mitte gewinkt. Immer lehne ich freundlich ab. Mein Ritual ist es, stets die Letzte am Grab des an meiner Seite Verstorbenen zu sein. Ich war die Letzte am Bett und ich bin die Letzte am Grab. Und in ganz seltenen und dann sehr traurigen Fällen bin ich sogar die Einzige, die das Herablassen von Sarg oder Urne begleitet. Und somit auch dann die Letzte, die sich verabschiedet.

Wünsche auf dem Weg

Manchmal sitze ich Stunden, sogar Tage an der Seite eines Bettes. Ich achte darauf, dass der Patient palliativ versorgt ist und keine unnötigen Schmerzen hat. Kindern und Enkeln kann ich beistehen und die Angst nehmen, wenn ich ihnen sage, dass dieser schmerzhafte Prozess zum Leben dazugehört. Erklären, beruhigen, zuhören, stärken. Dem Patienten oder der Patientin kann ich die Trockenheit im Mund mit einem Tropfen Honig, Wasser, Tee oder sogar Wein oder Bier nehmen. Wenn ich weiß, dass es sich schon in früheren Jahren um eine Weingenießerin oder einen Bierliebhaber handelt.

So, wie man einer gebärenden Frau mit einem nassen Tuch den Schweiß von der Stirn wischt, kann man es auch bei einem Sterbenden tun. Kühlen oder zudecken. Bedürfnisse erfüllen, die zu erfüllen sind. Beruhigen.

Allein mit der physischen Nähe ist oft viel geholfen. Nicht allein sein zu müssen, auf einem Weg, den man nicht kennt und selbst nur ein einziges Mal geht, kann viel Kraft geben und Einsamkeit nehmen. Und auch wenn man sich mit Worten nicht mehr verständigen kann, gibt die Nähe eines zugewandten Menschen Energie und ist Unterstützung. Wir können nicht jeden Schmerz nehmen, aber wir können viel Energie geben. Vielleicht sogar so viel, wie nötig ist, den letzten Schritt zu gehen.

Und wir können Wünsche erfüllen, sogar besondere.

Herr K. hatte sich schon länger auf die Reise gemacht. Das heißt, er war schon seit Tagen nicht mehr ansprechbar und artikulierte sich nicht mehr. Über eine subkutane Infusion wurde ihm Flüssigkeit gegeben. Alle anderen Medikamente waren abgesetzt worden. Ich betreute ihn schon seit einigen Wochen. Aber so wie es aussah, kam der Abschied wohl schon bald. Ich hielt die zweite Nachtwache, als er plötzlich aufwachte. Er schaute mich an. So klar, wie schon seit bestimmt einem halben Jahr nicht mehr. Dann lächelte Herr K.

»Mein Engel«, sagte er. Ich war überrascht. Nicht wegen der Anrede. Er war schon immer sehr charmant. Und wenn er mich jetzt so nennen wollte, dann war das in Ordnung.

»Oh, mit Ihnen habe ich tatsächlich nicht mehr wirklich gerechnet. Aber, wenn Sie schon mal da sind: Kann ich etwas für Sie tun? Sie haben drei Wünsche frei«, sagte ich und lächelte ihn an. Ich rechnete damit, dass er jede Sekunde wieder einschlafen würde, aber er blieb wach.

»Drei Wünsche? Ach, das machen Sie doch eh nicht«, sagte er schmunzelnd und ein bisschen anzüglich.

Herr K. war nicht nur charmant, ja, er war in jungen Jahren auch ein Schlawiner.

»Nein, das was Sie gerade im Sinn haben, sicher nicht, aber gibt es etwas, das Sie jetzt gern hätten?«

Ich musste nicht hinzufügen, dass das sicher seine letzten Wünsche sein würden. Das wusste er sehr genau, und das wusste auch ich. Er lag im Sterben, aber er war nicht dement, sondern hellwach. Ein letztes Mal.

Er überlegte kurz.

»Ich hätte ganz gern ein Bier, eine Zigarre und eine Portion Spareribs.« Sein Blick war beinahe pfiffig.

»Herr K., wenn Sie mir versprechen, dass Sie noch da sind, wenn ich zurückkomme, dann werde ich das besorgen.«

Er konnte seinen Kopf kaum bewegen, aber ich glaubte, ein Nicken zu erkennen.

»Ja. Ich werde noch da sein.«

Dann machte ich mich auf den Weg. Es war mittlerweile halb drei Uhr nachts. Einer Freundin, die es gewöhnt war, ihre vier Söhne zu jeder Tages- und Nachtzeit zu versorgen, schrieb ich eine Handy-Nachricht. Zu meiner Freude rief sie sofort zurück. Mitten in der Nacht. Die Spareribs würde sie in der Mikrowelle auftauen und zubereiten, das würde zwar nicht so appetitlich aussehen, aber es ginge schnell. Und Zeit war ja das, was wir gerade kaum hatten. Als ich mit Zigarre und einem Pils von der Tankstelle zurückkam, waren auch die Spareribs schon auf dem Weg ins Heim. Und Herr K. war tatsächlich noch wach und am Leben.

Ich wusste, dass er schlecht schlucken und essen konnte, deswegen gab ich ihm sein Bier, indem ich einen Strohhalm hineintunkte, ihn dann oben mit meinem Daumen verschloss und ihm so das Bier tropfenweise zu trinken gab. Die Spareribs konnte Herr K. natürlich nicht mehr essen. Aber er streckte seine Zunge heraus und ich zog die Rippchen immer wieder über Zunge und Lippen. Er strahlte. Zu guter Letzt habe ich ihm dann noch die Zigarre angezündet. Es war ausgeschlossen, dass er sie noch selber hätte halten können. Und sosehr ich Rauchen verabscheue, so wenig hat es mir in diesem Fall ausgemacht, an der Zigarre zu ziehen und ihm den Rauch ins Gesicht zu blasen. Er genoss es sichtlich. Natürlich war mir klar, dass das Rauchen in den Zimmern verboten und sowieso ungesund ist. Aber was sollte schon passieren? Ich passte auf die Zigarre auf, dass sie nichts in Brand steckte, und an Lungenkrebs würde Herr K. nun sicherlich nicht sterben.

Die Erfüllung aller seiner Wünsche hat Herr K. vielleicht fünfzehn Minuten wach wahrgenommen. Dann wurde sein Blick wieder trübe und er schlief ein.

Am selben Morgen um kurz vor sechs Uhr ist Herr K. lächelnd verstorben. Vielleicht hätte er noch eine Stunde länger durchgehalten, wenn ihn die Nacht nicht so angestrengt hätte. Aber ich glaube, dass er gern auf diese Stunde verzichtet hat. Für Bier, Spareribs und Zigarre.

Ein anderer letzter Wunsch kam von einer meiner Patientinnen, die eine Trauer in sich trug, mit der ich lange gar nichts anfangen konnte. Frau Ammon wusste, dass sie sterben würde, und fand es mit Mitte achtzig auch nicht zu früh. Sie hatte durch den Krebs keine Schmerzen, die nicht in den Griff zu kriegen waren, und sie war noch vollständig bei Sinnen. Wir konnten über alles sprechen. Über die Krankheit, ihre Familie, die über die ganze Welt verstreut war, über den Krieg und vieles mehr. Sie war eine kluge und sehr interessante Frau und ich wünschte mir, dass ich sie noch lange begleiten könnte. Es gab viel von ihr zu lernen.

In einem langen abendlichen Gespräch kamen wir auf den Grund ihrer Traurigkeit. Es war ein – wie sie selbst sagte – eitler Grund. Es ging um ihren Grabstein.

»Ich werde wohl nie einen schönen Stein bekommen«, sagte sie und schaute aus dem Fenster. Ich konnte nicht fassen, dass das eines der Probleme dieser schwerstkranken Frau sein konnte. Ein Grabstein und die dazugehörige Finanzierung.

Mir fiel nichts Besseres ein, als mit ihr darüber zu scherzen, dass es die Dinger leider nicht gebraucht gäbe und ich zur Not einen aus dem Filmfundus der Bavaria besorgen könnte. Er wäre dann zwar aus Pappmaschee und es würde dann ein anderer Name draufstehen, aber man müsse ja schließlich Kompromisse machen.

So, wie ich mit Freundinnen oft herumgesponnen habe, wie denn unser Traumhaus, Traumleben oder Traumkleid aussehen sollte, begann ich nun mit ihr herumzuflachsen, was für ein Stein es bei ihr sein sollte. Sie machte mit und wir lachten beide, als sie einen Nachbau des Taj Mahals vehement ablehnte. Ich verließ schmunzelnd ihr Zimmer, aber ihre Traurigkeit beschäftigte mich weiter.

Zwei Tage später war ich bei einem Steinmetz. Abgesehen davon, dass er mir verriet, dass er durchaus gebrauchte und wieder aufbereitete Grabsteine verkauft, ließ er mich eine Menge Steine fotografieren und informierte mich über Preise fürs Aufstellen und Kosten für die Schrift. Es war schon ein älterer Herr, er hatte sicher schon viel erlebt und war nicht so leicht zu überraschen, aber als ich ihm den Grund meines Anliegens nannte, schien er berührt.

Mit den Fotos ging ich zurück zum Heim und legte sie Frau Ammon vor. Wir schauten uns die Bilder an, als würden wir im Katalog eines Versandhauses blättern. Ich war überrascht, wie bescheiden die Dame war. Der Stein, der ihr auf Anhieb gut gefiel, war ein sogenannter Kissenstein. Diese gibt es in Buchform, einer dezent gestalteten Platte oder in gröberen Varianten. Wir lachten wieder, als ich ihr sagte, dass mein persönlicher Favorit für mich selbst natürlich die Buchform sei. Man dürfe aber nicht »Bestseller« oder »Krimi« draufschreiben. Wir hatten Spaß miteinander.

Nachdem ich wusste, was ihr gefiel, sprachen wir darüber, dass es auch noch die Buchstaben wären, die ein Heidengeld kosten würden. Da Frau Ammon neben ihrem Rufnamen Ella auch noch über vier weitere Vornamen verfügte, sagte ich, dass es nicht der Stein, sondern ihr Name wäre, der sie diesbezüglich ruiniert. Wieder Lachen. Ihr würde Ella reichen und sie würde sich bemühen, irgendwann zwischen dem ersten und neunten Mai zu sterben. Damit könnte man ebenfalls noch sparen.

Selten habe ich einen derart scharfen und humorvollen Geist getroffen, wie Frau Ammon.

Gedanklich lächelte ich in mich hinein, weil ich mit dem Steinmetz auch schon darüber gesprochen hatte, was die Buchstaben und Zahlen anging. Das Ganze fühlte sich weit eher wie eine Shoppingtour mit einer Freundin oder mit meiner Schwester an, als wie ein Besuch als Hospizhelferin. Ich konnte es kaum erwarten, den Steinmetz erneut zu besuchen.

Wenige Tage später saß ich wieder am Bett von Frau Ammon. Mittlerweile musste sie immer wieder mit Sauerstoff versorgt werden. Ich öffnete den Piccolo, den ich uns extra für diesen Tag mitgebracht hatte, und freute mich, dass sie trotz ihrer gesundheitlichen Schwierigkeiten mit mir anstoßen wollte. Als sie mich fragte, was es denn zu feiern gäbe, legte ich ihr den vorläufigen Kaufvertrag auf das Bett. Zusätzlich hatte ich am Computer ein Bild bearbeitet, auf dem nun der Stein ihrer Wahl mit ihrem Namen, ihrem Geburtsdatum und einem hundert Jahre später liegendem Sterbedatum auf den Stein eingraviert zu sehen war. Sie verstand sofort, um was es ging, und meinte, dass sie das nicht annehmen dürfe.

Ja, ich habe in diesem Moment gelogen, als ich erwiderte, dass alles schon bezahlt und arrangiert sei. Alles, außer dem letzten Termin natürlich. Und ich gebe zu, dass ich den Kaufpreis auf dem Papier geringfügig nach unten korrigiert hatte. Dennoch kostete es mich weit mehr Energie, Frau Ammon zu überreden, den Stein anzunehmen, als alles vorher.

Wir stießen erneut an, als sie endlich nickte, und wir hatten beide Tränen in den Augen. Teils aus Freude, teils aus Rührung.

Ich weiß, dass ich mit diesem Geschenk jenseits von jeder normalen Hospizhelfertätigkeit, jenseits von Gut und Böse und allem sonst war. Aber es war meine persönliche Entscheidung und mein persönlicher Wunsch.

Frau Ammon verstarb in einer Mittwochnacht, weniger als

drei Wochen nach diesem schönen Moment. Leider nicht in meiner Anwesenheit, aber ich war gedanklich ganz nah bei ihr. Sie wird mir unvergessen bleiben, ich bin dankbar, dass ich sie habe kennenlernen dürfen, und ich habe nie bereut, was ich getan hatte.

Ich lebe nicht verschwenderisch, aber ich habe einen Sinn für feine und mitunter auch sehr teure Schuhe. Wochen später stand ich vor meinem Schuhschrank und mir wurde klar, dass ich, um diesen einen schon fast schlichten Wunsch meiner Patientin zu erfüllen, lediglich den Gegenwert von vier Paar Schuhen ausgegeben habe. Von Schuhen, die ich kaum trage. Werde ich mich in dreißig Jahren noch an diese Schuhe erinnern? Ich glaube, nein. Wird mir der Gesichtsausdruck von Frau Ammon in dreißig Jahren noch präsent sein und mich berühren? Ich bin sicher, ja!

Wenn ich heute das Grab von Frau Ammon besuche, dann denke ich oft an die Momente mit ihr und ans Taj Mahal. Und an meine Schuhe. Und ich bin stolz auf meine Entscheidung, den Steinmetz und darauf, dass die alte Dame mein Geschenk angenommen hat.

Champagner aus der Schnabeltasse

»Wir wollen ihn doch nicht noch abhängig machen!«

Die Aussage einer Medizinerin hatte mich gewaltig auf die Palme getrieben. Im Namen einer Familie hatte ich mich um eine höhere schmerzmedizinische Verordnung für einen Patienten bemüht. Die Ärztin meinte, dass wir uns damit aus dem alten Mann im Bett quasi einen Süchtigen machen würden. Aus einem Mann Ende achtzig, durchsetzt von Metastasen, fast vollständig und dauerhaft ohne Bewusstsein und mit einem Gesicht, auf dessen Stirn eine tiefe Furche aus Schmerz zu sehen war! Sie selbst war gar keine Palliativmedizinerin. Vielleicht war das der Grund für ihren Unwillen. Sie schlug sogar eine PEG (Perkutane endoskopische Gastrostromie) vor, eine Art Magensonde, über die der Patient künstlich ernährt werden konnte. Weil er doch nichts mehr aß. Es war unfassbar. Ich konnte sie nicht verstehen.

»Außerdem können wir ja noch gar nicht sicher beurteilen, ob der Patient überhaupt so starke Schmerzen hat«, argumentierte sie weiter. Es ging ihr um eine kritische Sicht auf die Palliativbetreuung.

Ich wies sie auf die Symptome hin, durch die sich die Schmerzen äußerten. Ihr lapidarer Kommentar bestand in der Frage, ob *ich* ein abgeschlossenes Medizinstudium hätte oder *sie*. Mir blieb die Spucke weg. Dass das Palliativteam dem alten Herrn dann aber doch rasch zu einer weniger schmerzhaften Zeit in seinem Bett verhalf, beruhigte mich wieder etwas.

Ja ich weiß, Alkohol ist gerade bei Krankheit nicht förderlich, Zigarren und Zigaretten ebenso. Vielleicht ist sogar die Anwesenheit eines Tieres schädlich, wenn ein Mensch auf Beatmung angewiesen ist. Aber wenn Sie jemals erlebt haben, wie eine Patientin strahlt, wenn sie zum letzten Mal ihren Hund oder ihre Katze auf ihrer Brust spürt, dann wissen Sie, dass es völlig egal ist, ob dieser Moment ihr ein paar Minuten nimmt. Denn er gibt so viel Leben, wie sie es sonst vermutlich nicht hätte. Einem Patienten eine Zigarre zu besorgen, der mit Lungenkrebs auf den Tod wartet, klingt vielleicht paradox, aber das ist es nicht. Die Zigarre wird ihm keine Lebenszeit mehr nehmen, sie wird ihm stattdessen aber vermutlich die Erinnerung geben, wie es war, zu besseren Zeiten ihren Duft zu genießen. Ich bin Nichtraucherin, aber ich habe mich mehr als einmal einem Rauchverbot widersetzt, wenn ich wusste, dass es für den Patienten noch eine Bedeutung hat.

Ähnlich ist es mit Alkohol.

Meine Patientin Melitta war mit 69 Jahren der bis dahin jüngste Mensch, den ich begleitet habe. Wie ich von ihrer Familie und den Pflegern wusste, war sie schon vor vielen Jahren dem Trinken verfallen. Nach eigenen Angaben hatte sie schon seit ein paar Jahren keinen Zugang mehr zu Alkohol gehabt. Der Inhalt ihres Nachtschrankes ließ allerdings auf anderes schließen.

Es stand außerfrage, dass Melitta nur noch wenige Tage blieben. Ihr Gesundheitsstatus war miserabel und der Krebs hatte so heftig und intensiv gestreut, dass es nicht mehr lange dauern konnte. Bei einem meiner Besuche meinte sie, dass sie nun doch ganz gern noch mal ein Gläschen hätte. Sie schaute mich schuldbewusst dabei an, musste sie doch davon ausgehen, dass ich sie – wie so viele andere zuvor – dafür verurteile. Sie hatte es nicht gewagt zu fragen, ob ich ihr etwas besorgen könnte, deshalb fragte ich sie direkt nach ihren Wünschen. Ich würde sie nicht mit harten Drogen versorgen müssen, so viel war mir klar. Es gibt auch Dinge, die lehne ich vollständig ab, aber wenn sich diese Frau am Ende ihres Lebens noch mal ein, zwei Gläschen zu Gemüte führen wollte, dann hatte das in Ordnung zu sein. Es würde ihr nichts mehr nehmen. Es würde ihr etwas geben. Eben Leben. Das Leben, das nun noch möglich war und das sie sich wünschte. So kam es, dass ich, nachdem sie die Bitte ausgesprochen hatte, nach Hause fuhr und eine Flasche Champagner aus der Kühlung nahm. Er war eigentlich für irgendeine Feier angedacht, die irgendwann mal anstehen könnte. Aber irgendwann war dann eben jetzt. Melitta und ich würden das Leben feiern. Und das bisschen Leben, das sie noch hatte, verdiente nichts weniger als einen guten Champagner.

Zurück im Heim öffnete ich ihre sonnengelbe Schnabeltasse. Anders war ihr Trinken nicht mehr möglich. Wir prosteten uns zu und ich glaube nicht, dass der Glanz in ihren Augen an der zurückliegenden Alkoholsucht lag. Melitta erzählte mir, wie der Alkohol ihr Leben zerstört hatte. Und dass sie jetzt sozusagen Frieden mit sich und dem Inhalt ihres Plastikbechers schloss. Sie sah überhaupt nicht mehr so wütend aus, wie in den Monaten zuvor. Sie war ruhig, genoss das Getränk und meine Gegenwart. Auch eine Pflegerin nahm an unserer kleinen Runde teil. Und so saßen wir zu dritt mit kühlem Moët in Wassergläsern und Schnabeltasse. Wir sprachen über Regeln und warum es manchmal wichtig war, sie zu ignorieren.

Als ich Melitta verließ, war ich angeheitert, allerdings nicht durch den Alkohol. Wir hatten so viel gelacht und das Leben genossen. Ich bereue es nicht, meine Flasche Champagner an diesem Tag geopfert zu haben. Sollte ich tatsächlich von einem Grund zu feiern überrascht werden, dann täte es sicher auch Pfefferminztee oder ein Cappuccino. Denn Feiern sollten nicht von solchen Dingen abhängen, wenn man sie sonst nicht genießt.

Und nein, es muss nicht immer Champagner oder eine Zigarre sein. In meinem Leben hat es auch Freude durch Vanille-Milkshake, lauter Musik von Bach, Zitaten aus der Bibel und dem Kleinen Prinzen und Spareribs gegeben. Genuss ist vielfältig, wie die Menschen vielfältig sind. Der Genuss, der das Leben ausmacht, ist es auch.

Wenn Sterbebegleitung in die Schule kommt

Hospiz macht Schule. Im Ethik- und Religionsunterricht werde ich häufig in die neunten und zehnten Klassen der örtlichen Schulen gebeten. Dort soll ich von meinen Erfahrungen mit Tod und Sterben reden. Ich liebe diese Vormittage. Jugendlichen wird heute ständig vorgeworfen, was sie alles falsch machen. Sie rauchen angeblich alle, trinken schon früh Alkohol, haben keinen Anstand und keine Erziehung. Das mag an manchen Stellen nicht falsch sein, aber ich persönlich war von jedem Schüler und jeder Schülerin, dem und der ich in diesem Rahmen begegnet bin, begeistert. Immer! Absolut!

So ein Vormittag sieht aus wie dieser, den ich einmal erlebt habe. Ich war in eine Schule eingeladen und kam also vor Unterrichtsbeginn dort an. Ich war wie fast immer in Jeans, Stiefeln und Lederjacke gekleidet. Meine Haare standen meist ziemlich wirr und kraus auf meinem Kopf ab. Vor dem Klassenzimmer wurde ich angesehen, als ob ich mich verlaufen hätte, aber das machte nichts. Das kannte ich schon. Ich ging ins Klassenzimmer hinein. Netterweise hatten die Lehrer schon einen Stuhlkreis aufstellen lassen, also setzte ich mich irgendwohin. Nach dem Gong füllte sich das Zimmer und nach und nach wurde auch der Stuhlkreis besetzt. Keiner der Schüler sprach mich an. Aber schauen taten sie schon.

Die einleitenden Worte der Lehrkräfte ähnelten sich dem Anlass entsprechend. Es wurde darauf hingewiesen, dass man in den letzten Unterrichtsstunden den Bereich »Tod und Sterben« bearbeitet hätte und sich nun freue, eine »Fachfrau« für diesen Bereich unter sich zu wissen. Jedes Mal musste ich grinsen. Es war nicht zu übersehen, dass dieses Thema fast schlimmer, weil intimer war als der Sexualkundeunterricht.

Die Situation war leicht zu entschärfen.

»Wie habt ihr euch eine Hospizhelferin vorgestellt?« Die Frage richtete ich an alle Schüler und blickte in die Runde. Die Antworten kamen zögerlich, aber die Gesichter waren offen.

»Ehrlich gesagt, habe ich mit einer Nonne gerechnet«, meinte einer.

Alle lachten. Ich auch.

»Das habe ich mir gedacht. So wie ich hier bei euch auftauche, hättet ihr mich sicher eher in einer Bar vermutet, oder?«

Das Eis war schnell gebrochen. Als Erstes bot ich allen Schülern das »Du« an. Dem Lehrer natürlich auch. Wir wollten über Dinge sprechen, die nahegingen. Dabei empfinde ich ein »Sie« in der Regel immer als zu distanziert.

Und dann ließen wir die Doppelstunde mit mir als Dozentin beginnen.

Ich erzählte von meinem Werdegang als Hospizhelferin, von meinem Antrieb und meinen Erfahrungen. Zwischendurch stellte ich immer wieder Fragen zu eigenen Erlebnissen mit Sterbefällen und Verlusten in der Familie oder unter Freunden.

Dass ich bei der Trauer in Todesfällen auch nach dem Verlust von Haustieren fragte, verblüffte. Aber es ist nun einmal so, dass auch hier der Verlust eines geliebten Lebewesens zu Trauer und Schmerz führt. Nach und nach stiegen immer mehr Schüler in das Gespräch mit ein.

Ein Schüler erzählte, dass er sich noch heute schämt, weil er seine Oma nicht im Altenheim besuchen mochte. Die Person, die dort lag, hatte – bedingt durch Demenz und Krankheit – nichts mehr mit der Großmutter zu tun, die er Kuchen backend und singend kannte. Das Unbehagen des Jugendlichen war deutlich spürbar. Der Kloß im Hals ebenfalls.

»Du liebst deine Oma nicht weniger, wenn du nicht hingehst. Wenn es dich überfordert und du ihr nicht gegenüberstehen kannst, dann ist das keine Schande. Angst und Scheu dürfen sein. Deine Art, mit ihrer Situation umzugehen, ist völlig in Ordnung. Du solltest dich nicht vergewaltigen, nur um die Wünsche und Ansichten anderer zu erfüllen. Wenn du hingehen magst, geh hin. Wenn nicht, dann hör einfach hin und wieder mal in dich hinein. Dein Bauchgefühl ist das, auf was du hören musst. Nicht auf das ›Das tut man aber‹ von Menschen, die völlig anders empfinden als du.«

Zunehmend wurde verstanden, dass die Reaktionen auf das Sterben von nahestehenden Menschen vielfältig und nicht zu werten waren. Dass es keine Norm gab, nach der man zu handeln hatte. Die Schüler entspannten sich weiter.

Einige ließen ihren Gefühlen derart freien Lauf, dass ich sie einfangen musste. Dann bot ich persönliche Gespräche im Anschluss und zur Not auch meine Nummer zur Kontaktaufnahme an.

Der Gedanke, dass ein Sechzehnjähriger in dieser Runde vor seinen ergriffenen Mitschülern sein Herz öffnet, weil er seit Jahren seinen toten Hamster betrauert, ist nicht schlimm. Tragisch wäre es nur, wenn der Schüler ab diesem Zeitpunkt als Hamster-Heulsuse gemobbt werden würde. Deshalb war es wichtig, dass die Gespräche im Klassenzimmer bleiben mussten, und das war auch eine Übereinkunft mit allen.

Die wenigen verschränkten Arme vom Beginn der Stunde waren beteiligtem Gestikulieren gewichen. Alle waren wach und interessiert. Jeder hörte dem anderen zu und ich hätte gern allen persönlich gesagt, was für wunderbare Menschen sie sind. Schon lange nahmen sie teil am »alltäglichen Sterben« in unserem Leben.

»Wenn ihr jetzt nach Hause geht, dann öffnet ihr mit eurem Schlüssel euer Haus. Ihr habt die Möglichkeit, euer Zimmer zu verschließen, euch ins Bett zu legen und euch die Decke über den Kopf zu ziehen.«

Alle nickten.

»Wenn ihr nun aber in einem Pflegeheim seid, dann kann theoretisch jederzeit jemand euer Zimmer betreten. Weder habt ihr ein Haus um euch herum, das eure Intimsphäre wahrt, noch ein ›eigenes‹ Zimmer. Gäste kommen (wenn ihr Glück habt, klopfen sie an) und setzen sich (wenn ihr Pech habt) einfach auf eure Bettkante. Eure Intimsphäre beginnt und endet somit quasi an eurer Bettdecke.«

In manchen Gesichtern machte sich entsetztes Verstehen breit.

»Und selbst dieses bisschen Intimsphäre wird unter Umständen durch einen gestressten oder gedankenlosen Arzt verletzt, indem er mal schnell die Decke zurückschlägt, um nach den Beinen zu sehen.«

Spätestens jetzt musste jeder schlucken.

»Ich erzähle euch das nicht, damit es euch ekelt oder ihr Angst bekommt. Es geht mir vielmehr darum, dass ihr bei Krankenbesuchen und im Umgang miteinander Respekt vor den Grenzen des anderen lernt.«

Jeder hatte verstanden. Und jeder schätzte das Glück, das er innerhalb seiner vier Wände hatte.

»Eine ganz andere Sache ist die Orientierungslosigkeit alter Menschen. Die meisten Altenpflegeheime haben automatische Schiebetüren. Es sind ja keine geschlossenen Anstalten. Die Menschen dürfen kommen und gehen. Manchmal ergibt es sich aber, dass ein alter und orientierungsschwacher Mensch durch diese sich zufällig vor ihm geöffnete Tür einfach hinausspaziert. Im Sommer ist das nicht ganz so problematisch. Im Winter ist es aber oft sogar gefährlich. Viele alte Menschen haben kein richtiges Hitze- oder Kälteempfinden mehr. Sie laufen los. In Nachthemd oder Kittelschürze und Pantoffeln. Wenn hier nicht zügig geholfen wird, dann kann das tödlich enden.«

Eine Schülerin unterbrach mich mit dem Hinweis, dass sie schon öfter im Radio eine entsprechende Suchmeldung gehört habe.

»Richtig. Wenn ihr jemals einen alten Menschen trefft, der euch in dieser Richtung auffällt, dann versucht ihn wieder zu orientieren. Ihr könnt ihn ansprechen, vor ihm herlaufen oder andere Menschen auf ihn aufmerksam machen. Und zur Not holt ihr euch Hilfe oder ruft im Heim an. Heute hat jeder ein Handy. Macht ein Bild und fragt kurz nach. Ihr könnt damit Leben retten.«

Dann erzählte ich noch davon, wie meine Tochter gemeinsam mit einer Freundin eine alte Dame ansprach. Sie fragten sie, wo sie denn gern hinmöchte, als sie sagte, dass sie nach Hause will, liefen sie langsam vor ihr her. Sie geleiteten sie – nicht wissend, dass sie genau auf meiner Station ausgebüxt war – zurück in ihren Wohnbereich und so zurück in die Obhut der Pfleger.

Und selbst, wenn diese alte Dame nicht in das Heim gehört hätte, hätten wir uns damit ausgekannt, wie orientierungslosen älteren Menschen zu helfen sei. Man konnte kaum etwas falsch machen. Vieles aber richtig.

Ein weiteres Thema, auf das ich in diesen Schulstunden immer hinweise, sind die schwindenden, aber oft nicht verschwundenen Sinne von sehr alten oder sterbenden Menschen.

Natürlich kann man von jemandem, der sich auf die letzte Reise machte nicht noch schärfstes Augenlicht und tief schürfende Gespräche erwarten. In der Regel liegt der Betreffende die meiste Zeit im Bett, schläft und reagiert kaum bis überhaupt nicht.

Gäste bekommen dann leicht einmal das Gefühl, dass ihr Besuch völlig überflüssig sei und gar nicht wahrgenommen werde. Das ist aber nicht richtig. Allein die Anwesenheit eines Menschen wird gespürt. Auch, wenn die meisten Sinne schon verblasst waren, wirklich verschwunden waren sie oft gar nicht. Ich erzähle von meinen Erfahrungen, dass der Hörsinn, neben dem Gefühl für Berührungen, einer der letzten Sinne ist, der verschwindet. Selbst wenn sich ein Patient verbal oder mit Gestik nicht mehr verständlich machen kann, wenn er nur noch daliegt, als ob er fest schliefe oder nichts mitbekäme, kann er durchaus hören, was um ihn herum geschieht.

Ich erzähle den Schülern davon, wie schlimm ich es stets empfinde, wenn am Sterbebett über den Patienten hinweg die Beerdigung geplant oder das Erbe verteilt wird.

Im schlimmsten Fall schreien sich dann verschiedene Parteien an und ignorieren dabei völlig, dass der Mensch vor ihnen noch gar nicht tot ist, sondern sie sehr wohl hört. Wenn ich solche Momente erlebe, bitte ich die sprechenden Personen vor die Zimmertür. Dort dürfen sie dann alles in Ruhe und ohne, dass der Patient alles mitbekommt, klären, was ihnen wichtig ist.

Bei meinen Begleitungen versuche ich jederzeit darauf zu achten, dass es im Raum möglichst friedlich und entspannt bleibt. Wenn Angehörige dabei sind, dann darf gelacht werden und oft werden Erinnerungen ausgetauscht. Je entspannter der Besucher am Bett ist, umso entspannter liegt und atmet der Patient. Und in dieser Entspannung kann man sich mit Sicherheit weitaus besser endgültig auf die Reise machen als in der Vorahnung, dass ein ›Rudel Hyänen‹ bereits darauf wartet, einen zwei Meter tiefer zu legen.

Immer, wenn dann der Gong das Ende unserer Gesprächszeit anzeigt, sind noch viele Fragen offen, und sowohl ich, aber auch die Schüler würden gern noch weiter reden. Bis in die Pause hinein wird noch überlegt, was alle erfahren und gelernt haben: »Nicht aufs Bett setzen«, »Respekt«, »Keine Angst. Auch keine Angst, nicht(!) hinzugehen«, »Man wird bis zum Schluss gehört«, »Tod und Sterben kann genauso schmerzhaft sein, wenn es sich um den Hund oder die Katze handelt«. Und: »Jeder trauert anders.«

Wenn ich das Klassenzimmer verlasse, werde ich manchmal noch von dem ein oder anderen kurz umarmt. Ich bin glücklich und stolz. Auf jeden einzelnen Schüler. Sie haben viel mitgenommen. Und vielleicht wurde in dieser Stunde ein Samenkorn dafür gelegt, dass einer von ihnen irgendwann selbst einmal ehrenamtlich als Hospizhelfer tätig wird.

Wenn Weggefährten zurückbleiben

Kein Happy End

Wir sehnen uns nach Harmonie und Happy End. Und wir sind verwöhnt, weil wir uns in Kino und Fernsehen auffällig oft bei einem glücklichen Ritt in einen leuchtenden Sonnenuntergang wiederfinden. Dabei verlieren wir bisweilen die Realität ganz aus den Augen. Ich habe schon zahlreiche Male erlebt, wie ungläubig Menschen der Tatsache gegenüberstehen, dass sie das Leben enttäuscht. Ungläubig, weil sie es anders gewohnt sind. Dann kommt nämlich nicht im letzten Moment der Prinz auf seinem Pferd – wahlweise auch im Bentley – oder der schöne Arzt mit der rettenden Medizin ums Eck. Dann wird gestorben und nicht mehr geheilt.

Das ist frustrierend und deprimierend. Und es ist das Leben in seiner dunklen Facette.

Sich damit abzufinden, dass es nicht weitergehen wird, ist schwer. Es heißt: »Die Hoffnung stirbt zuletzt«, und das ist richtig. Aber irgendwann stirbt sie. Egal, wie sehr wir uns das Gegenteil wünschen. Wer sich hier allzu weit von der Realität entfernt hat, leidet meist mehr als jemand, der weiß, dass nicht jeder Prinz ein Retter und nicht jeder Arzt ein allmächtiger Heiler ist. Das Schlimme ist zusätzlich, dass man bei manchen Menschen als herzlos oder hart gilt, wenn man seine rosa Traumwolke verlässt. Das Eingeständnis, dass es kein Happy End für Oma, Opa, Vater, Mutter oder Tante Else geben wird, ernüchtert, schmerzt und wird am liebsten weiterhin verdrängt. Dass dies gerade angesichts eines nahen Todes so ist,

ist menschlich. Genauso wie der Drang, noch zu richten, was zu richten, zu kitten, was zu kitten ist. Auch hier sind wir verwöhnt von Kino und Fernsehen. Kurz vor Ende, Abtritt und Tod werden unter Tränen Familien wieder zusammengeführt und es wird verziehen, was das Zeug hält.

Ich muss gestehen, dass auch ich lange gebraucht habe, um zu verstehen, dass das Leben sehr oft anders spielt. Dass es Mütter gibt, die ihre Kinder nie wieder sehen wollen, und Kinder, die noch nicht einmal darüber informiert werden wollen, dass es ihren Vater nicht mehr gibt.

Auf meiner Station ist es gang und gäbe, dass die Angehörigen verständigt werden, wenn sich ein Familienmitglied anschickt, aus dem Leben zu scheiden. Meist zeichnet sich eine Reaktion auf diesen Anruf schon vorher ab. Wenn man keinen der Angehörigen bisher zu Besuch gesehen hat, dann ist das Interesse höchstwahrscheinlich auch nicht vorhanden.

»Hallo! Es ist ihr Vater bzw. ihre Mutter, die hier im Sterben liegt!«, möchte ich so manches Mal rufen. Aber ich habe damit aufgehört. Es steht mir hier nicht zu, zu richten. In all den Jahren habe ich nach dem Tod des Vaters oder der Mutter Geschichten gehört, die die Reaktion auf beiden Seiten erklärt. Das macht die Sache zwar nicht angenehmer, aber wenn ich etwas verstehe, dann kann ich leichter damit umgehen. Da meine Patienten in der Regel alle sehr alt sind, ist eine unterschiedliche Meinung zum Verhalten im Krieg einer der Gründe, die ich mehrfach gehört habe. Dann gibt es natürlich noch Gewalt durch Eltern oder Bevorzugung von Geschwisterkindern oder tief greifende Familienzwiste, die auf zwei unterschiedliche Seiten geführt haben.

Der schlimmste Moment für mich war der, als einer der Söhne in den letzten Tagen seines Vaters zu uns ins Heim kam. Der Patient hatte fünf Kinder gehabt, von denen nur noch drei lebten, und im ersten Augenblick freute ich mich. Befand ich mich doch noch in meiner naiven ›Happy End-Phase‹. Dann blieb mir allerdings die Luft weg. Der stattliche Endfünfziger sprach seinen Vater so lange an, bis dieser tatsächlich noch einmal die Augen öffnete. Dann kam der Satz, der mir bis heute unter die Haut geht.

»Ich komme nicht, um mich zu verabschieden, ich komme bloß um zu sehen, dass du endlich stirbst.«

Dann setzte er sich hin, verschränkte die Arme und blickte seinen Vater lange und kalt an. Es war ihm nicht einmal unangenehm, dass ich sprachlos dabeisaß. Im Gegenteil. Zu mir war er höflich. Irgendwann stand er auf und verließ das Zimmer mit einem respektvollen Gruß an mich und ohne einen weiteren Blick auf seinen Vater zu werfen.

Ich saß noch eine Stunde bei dem alten Mann. Seine Augen waren wieder fest geschlossen und er atmete ruhig, als sei nichts geschehen. Ich wusste nicht, ob ich ihm rasches Vergessen, die Größe, zu verzeihen, oder was auch immer wünschen sollte. Als ich ging, verabschiedete ich mich wie immer nett von ihm und wünschte ihm – für den Fall, dass wir uns nicht mehr lebend wiederbegegnen – eine gute Reise. Kurz bevor ich am nächsten Morgen zurückkam, um nach ihm zu sehen, ist er verstorben. Allein. Ohne mich und ohne seine Kinder. Das Gefühl in meinem Magen war flau. Auch, als ich bei der Beerdigung neben dem Pfarrer und zwei Pflegern des Heimes die Einzige war, die am Urnengrab stand.

Die Antwort sollte nicht lang auf sich warten lassen. Wochen später bekam ich eine E-Mail von dem scheinbar herzlosen Sohn, den ich im Krankenzimmer kennenlernen durfte. Er schrieb mir entschuldigend, wie sehr er meine Arbeit schätze und dass er mich nicht hatte verstören wollen. Dann erklärte er mir, dass sowohl der Tod seiner zwei Schwestern und auch der

Mutter auf das Verschulden und die Gewalt seines Vaters zurückgehen. Jedes Wort traf mich ins Mark. Und ohne jetzt ins Detail zu gehen, war mir klar, dass es tatsächlich wohl Gründe gibt, um sich derart eisern loszusagen.

Für mich sind meine Patienten Menschen am Ende ihres Lebens. Ich hole sie an der Stelle ab, an der ich sie kennenlerne, und vermeide es, mich von Lebensgeschichten negativ beeinflussen zu lassen. Das ist wichtig, denn sonst könnte ich nicht in Neutralität und frei arbeiten. Eben keine gemeinsame Vergangenheit zu teilen, lässt mich vorurteilsfrei handeln und Gutes tun.

Ich halte Hass prinzipiell für keinen guten Berater, aber in manchen Fällen wäre der Wunsch nach Vergebung oder Verzeihen ein geradezu unmenschliches Verlangen.

Anders ist es, wenn auf beiden Seiten der Wunsch nach einem Wiedersehen besteht. Manche Patienten warten viele Wochen, bis sie endgültig gehen. Und oft ist es jemand, dessen Nähe sie noch ein letztes Mal spüren wollen. Mit dem Anruf bei den Angehörigen gibt man auch diesen eine Chance, noch einmal zu überdenken, ob der Keil zwischen Vater und Sohn oder Mutter und Tochter wirklich so tief sitzt, dass man den anderen ohne Vergebung gehen lassen will. Jeder muss hier für sich selbst entscheiden. Aber in den schöneren Fällen ist es tatsächlich so, dass dieser letzte Moment und das Verzeihen oder einfach nur die Mitteilung, was einen so verletzt hat, dem Sterbenden einen tiefen inneren Frieden verschafft. Der Satz: »Mutter/Vater, du hast mir so wehgetan, dass ich dir nicht verzeihen kann, aber ich wünsche dir trotzdem alles Gute«, kann mitunter für den Seelenfrieden reichen.

Manche Menschen schaffen auch das nicht und verpassen somit den letzten Moment, reinen Tisch zu Lebzeiten zu machen. Das ist nicht verwerflich. Wir haben letztlich doch keine Ahnung von der Geschichte dieser Personen.

Wenn nun nach dem Versterben des Elternteils, Freundes oder Verwandten das Bedürfnis besteht, noch etwas zu klären, ist die Verzweiflung manchmal groß. Ich rate den betreffenden Personen dann, dem Verstorbenen einen Brief zu schreiben. Alles niederzuschreiben, was noch in der Seele brennt. Wo Schwierigkeiten und Schmerzen sitzen und wie man dazu steht. Das klingt im ersten Augenblick vielleicht albern, liest doch der Verstorbene keine Briefe mehr. Aber dennoch habe ich die Erfahrung gemacht, dass manches einfach einmal ausgesprochen oder niedergeschrieben gehört. Es ist wie Ballast abwerfen. Gram, den man losgeworden ist, der quält einen nicht mehr. Den Brief kann man mit einem Bild des Menschen in eine Erinnerungskiste legen, man kann ihn zum Grab bringen oder in Gedenken an alte Zeiten im Kamin verbrennen. Es gibt so viele Möglichkeiten, gedanklich noch einmal Kontakt aufzunehmen.

Das gilt übrigens nicht nur für noch zu klärende oder quälende Querelen, sondern auch für ein nicht gesagtes »Ich liebe dich« oder für ein »Danke schön«. Auch das kann man noch in Worte fassen und dem Verstorbenen gedanklich zukommen lassen. Auch wenn man zweifelt, ob das etwas bringt, einen Versuch sollte es wert sein.

Für einen Moment wieder jung

Herr und Frau Ringel waren Eheleute. Darüber waren sie sich allerdings schon lange nicht mehr im Klaren. Beide waren schwer dement und konnten sich nicht mehr erkennbar an irgendetwas aus ihrem früheren Leben erinnern. Auch einander nahmen sie nicht wahr.

Frau Ringel hatte ein Einzelzimmer am Ende des Ganges, ihr Mann teilte sich einen Raum mit einem weiteren Bewohner. Ich empfand es als ausgesprochen traurig, dass die beiden nach all den Jahren keine Gemeinsamkeiten mehr zu spüren schienen. Sie kommunizierten von sich aus weder mit ihrem Ehepartner noch mit anderen Patienten. Auf Ansprache reagierten sie freundlich, blieben aber sonst teilnahmslos. Und zu Essenszeiten wurde immer erst dem einen, dann dem anderen geholfen.

Herr Ringel saß nun schon seit zwei Wochen allein beim Essen. Seine Frau baute extrem schnell ab. So kam es, dass ich sie nicht mehr im Speisesaal besuchte, sondern regelmäßig an ihrem Bett saß. Es würde nicht mehr allzu lange dauern. Das war spürbar.

Es war ein Mittwoch. In etwa einer Stunde würden sich meine Hospizkollegen im Gruppenraum zur Supervision treffen. Ich hatte für mich schon entschieden, nur kurz Hallo zu sagen. Frau Ringel reagierte seit ein paar Stunden kaum noch auf Ansprache. Tiefer Schlaf und extreme Unruhe wechselten sich ab. Mein Rucksack mit der Jogginghose, dem Pulli und den dicken Socken stand neben dem Nachttisch. Den großen blauen Lehnsessel hatte ich mir ans Bett geschoben. Ich würde bleiben. Die ganze Nacht. Schwester Antje kam herein und reichte mir eine Flasche Mineralwasser.

Auf der Station sorgte man sich nicht nur um die Patienten, auch ich als Hospizhelferin bekam hin und wieder die wunderbare Fürsorge ab. Dafür versuchte ich auf der anderen Seite, die Schwestern und Pfleger bei Schwerstkranken und Sterbenden zu entlasten.

»Heute Nacht?« Antje musste gar nichts weiter sagen. Sie sah besorgt zu Frau Ringel. Keinem der Pfleger war es egal, wenn jemand sich anschickte zu gehen.

»Ich weiß nicht. Aber sicherlich bald.« Auch ich musste nicht viel mehr sagen. Irgendwie rechnete ich nicht damit, dass sie vor Morgengrauen sterben würde.

Ein Weilchen später schaute ich auf die Uhr. Die anderen wären sicher schon da. Ich stand auf und ging auf meinen dicken Socken durchs Haus. Mit Umarmungen begrüßte ich unsere Einsatzleitung und einige der anderen Hospizhelfer. Ich schätzte die Supervisionen sehr, allerdings hätte ich heute nicht eine Minute Ruhe gehabt. Kurz klärte ich auf, was gerade auf meiner Station passierte. Als ich wieder zum Patientenzimmer zurückging, begleitete mich meine Kollegin Fatma. Auch sie kannte Frau Ringel. Sie wollte sich verabschieden.

Im Zimmer unterhielten wir uns kurz und freundschaftlich. Und auch Schwester Antje kam noch einmal zu uns. Und sie hatte eine Frage, die uns in der Folge noch sehr bewegen sollte. »Manu, meinst du, dass ich Oskar noch mal herholen soll? Einfach so? Dass er noch mal bei ihr gewesen ist.«

Ich überlegte kurz. Es konnte beiden nicht schaden. Im schlimmsten Falle würde er signalisieren, dass er zurück in sein Zimmer oder in den Speisesaal wollte. Also nickte ich.

Fatma und ich standen immer noch am Bett, als Antje mit Herrn Ringel im Rollstuhl kam. Im Nachhinein bin ich unvorstellbar glücklich über Antjes Idee, den beiden noch einen Abschied zu ermöglichen.

Sie schob den alten Mann an die Seite des Bettes und erklärte ihm, wer vor ihm lag. Keiner von uns hatte ernsthaft mit einer Reaktion gerechnet und dementsprechend verblüfft waren wir, als wir sahen, was passierte. Ich konnte mich nicht mehr daran erinnern, wann ich das letzte Mal gesehen hatte, dass Herr Ringel aus eigenen Kräften aufstand. Nun aber zog sich der alte Mann mit Antjes Hilfe aus dem Rollstuhl und beugte sich über die Patientin. Wir hielten schier die Luft an. Seine Stimme war immer noch schwach, aber klar und deutlich genug, dass wir alle hören konnten, was er sagte: »Kieselchen, was machst du denn für Sachen? Mach das nicht. Wir wollten doch für immer zusammenbleiben.«

Ich konnte nicht verhindern, dass mir fassungslos die Tränen übers Gesicht liefen. Den anderen ging es ebenso. Er nannte sie »Kieselchen«. Was für ein schöner Kosename. Keiner von uns hatte das gewusst. Und er hatte sie erkannt. Und sich erinnert, dass sie seine Frau war.

Die Patientin selbst blieb regungslos. Ihre Reise war schon zu weit fortgeschritten, als dass sie seine Worte noch hören konnte. »Kieselchen, ich liebe dich doch.« Er löste eine Hand vom Bettgitter und tätschelte die Stirn seiner Ehefrau. Dann ließ er sich zurück in den Rollstuhl fallen und schaute uns an, als ob er fragen wolle, was er denn hier soll. Der Zauber war vorbei. Das Reich der Demenz hatte ihn wieder umfangen. Aber Fatma, Antje und ich waren Zeuge dieser letzten innigen Momente zwischen den Eheleuten Ringel.

Unsicher schweifte sein Blick nun zwischen den drei völlig unterschiedlichen Frauen, die allesamt völlig ergriffen um ihn und das Bett herumstanden. Antje hatte sich als erste wieder im Griff. »So Oscar. Dann bring ich dich jetzt wieder auf dein Zimmer. Magst noch mal winken? Nein? Auch in Ordnung. Wir gehen dann mal. Gute Nacht und bis morgen, Mädels. Ich bin dann gleich im Feierabend. Sehen wir uns morgen früh, Manu?« Sie drehte sich noch mal zu mir um. Auch, wenn sie jetzt wieder die professionelle und liebevolle Pflegerin war, war ich sicher, dass sie diese Momente noch viele Jahre lang in ihrem Herzen tragen würde. »Ja, klar. Ich bin bis morgen da. Wir sehen uns. Erhol dich ein bisschen und genieße die Ruhe zu Hause.« Ich gönnte ihr von Herzen, dass sie in den kommenden Stunden daheim bei ihrem Mann und in ihrem eigenen Bett würde schlafen können. Dann schloss sich die Tür hinter ihr und dem vor sich hin summenden Oscar Ringel.

Auch Fatma ging bald. Wir umarmten uns erneut. Immer noch ergriffen von dem, was wir erlebt hatten. Und dann saß ich allein bei der alten Dame, der nicht mehr viel Zeit beschieden sein sollte.

Nächte im Altenheim waren relativ ruhig, lang und ziemlich unbequem. Hin und wieder hörte ich die Klingel, die die Nachtschwester rief. Sie tat mir leid. Allein zwei Stationen zu versorgen – selbst wenn wenig los ist –, war kein Spaziergang. Schon die Verantwortung ließ viele von ihnen sehr schnell an ihre Belastungsgrenzen stoßen. Das System, das so etwas zuließ, ärgerte mich. Aber ich wollte jetzt nicht weiter drüber nachdenken. Alle meine Gedanken sollten bei Frau Ringel sein, die hin und wieder unruhig in die Luft griff und deren Beine sich bisweilen rastlos bewegten. Dann lag sie wieder still und ich musste mich nach vorn beugen, um ihren Atem überhaupt noch hören zu können. Nein. Nicht heute Nacht. Ich war mir ziemlich sicher, aber ich wollte dennoch bleiben. Im Lehnstuhl döste ich zusammengerollt ein bisschen vor mich hin.

Die Momente vorhin ließen mich nicht los. Mit welcher Liebe ihr Mann zu ihr gesprochen hatte. »Kieselchen, was machst du denn?« »Kieselchen«. Was für ein bezaubernder Kosename. Hatte ich Herrn Ringel überhaupt einmal so deutlich sprechen hören? Ich glaube nicht.

Die Zeit verging ohne Zwischenfälle. Ich gab Frau Ringel Creme auf ihre Lippen, die von der Atmung trocken waren, trank Wasser und döste hin und wieder ein. Als die Sonne aufging, hatte sich nichts weiter geändert, außer dass die unruhigen Momente komplett aufgehört hatten. Die Patientin lag nur noch still und atmete schwach, aber gleichmäßig.

Weitere zwei Stunden später holte ich mir einen Kaffee und unterrichtete den Frühdienst über den Status von Frau Ringel.

Sterbend, schmerzfrei und ruhig. Dann ging ich zurück. Es verging gut eine weitere Stunde, bis ich spürte, dass sie bereit war, ihr Leben jetzt abzuschließen. Die Atmung signalisierte mehr als deutlich das unmittelbar bevorstehende Ende. Ich stand auf und stellte mich wie immer neben die Patientin. Meine linke Hand berührte nur leicht ihre grauen Haare und meine rechte ihre rechte Hand. In diesem Moment öffnete sich die Tür und eine Besucherin trat ein. Ich kannte sie nicht. Es blieb wenig Zeit für lange Erklärungen und so wies ich darauf hin, dass Frau Ringel genau jetzt sterben werde. Mir war wichtig, der Besucherin die Möglichkeit zu geben, den Raum wieder zu verlassen, falls sie in diesem Moment nicht zugegen sein wollte. Aber sie blieb. Die Frau tat es mir nach und stellte sich auf die andere Seite des Bettes. Sie sei eine ehemalige Nachbarin der Ringels, sagte sie. Und dass sie bleiben wolle. So standen wir nur wenige Sekunden, bis die alte Dame im Bett ihren scheinbar letzten Atemzug getan hatte. Ich verharrte und wartete ein bisschen ab. Da ich die Besucherin nicht einschätzen konnte und auch nicht unnötig belasten wollte, streckte ich die

Hand zum Klingelknopf. Noch bevor ich rief, tat Frau Ringel allerdings wieder zwei Atemzüge.

Ich ermahnte mich selbst, mich nicht ablenken zu lassen. Wieder kam eine Atempause von weit über einer Minute. Die Tür öffnete sich und Schwester Antje trat ein, ohne dass ich sie gerufen hatte. »Und?«

»Sie kann sich noch nicht entscheiden«, sagte ich. »Vor ein paar Minuten dachte ich schon, sie hätte es geschafft.«

Wieder überraschte uns Frau Ringel mit ein, zwei Atemzügen. Antje stand am Fußende ihres Bettes und die Besucherin, die sich wirklich stark und tapfer hielt, war immer noch auf der gegenüberliegenden Seite. Mit einem letzten Ausatmen verabschiedete sich die Patientin dann endgültig aus ihrem Leben. Dieses Mal blieben wir fast fünf Minuten reglos stehen. Wir mochten keine Unruhe in den Raum bringen. Ohne Zweifel hatte sie es nun wirklich geschafft. Völlig entspannt und ruhig lag die alte Dame in ihrem Bett. Alles so wie vorher, nur dass sie nicht mehr lebte.

»Da ist kein Tod dran, da ist nur Leben weg.« Ich erinnerte mich an diesen Satz, den ich einer jungen Schwesternschülerin mit auf den Weg gegeben hatte. Sie hatte große Scheu vor Verstorbenen und konnte sich nicht erklären, warum ich auch über den Tod hinaus keine Berührungsängste mit dem menschlichen Körper hatte.

Und auch dieses Mal machte es mir nichts aus, den Körper der Verstorbenen zu waschen und umzukleiden. Als alles getan war, packte ich meine Sachen zusammen. Nachdem der große Lehnstuhl aus dem Raum geschoben war, schaute ich noch ein Weilchen aus dem Fenster. Wie oft hatte ich in diesem Zimmer schon jemanden begleitet? Zweimal? Dreimal?

Dann streckte ich mich durch. Die Stunden an der Seite des Bettes haben mich ein bisschen einrosten lassen. Mit meinem

Rucksack über der Schulter verließ ich das Zimmer. Im Speisesaal saß Herr Ringel und spielte mit ein paar Tropfen Orangensaft, die auf seinem Tablett verschüttet waren.

»Herr Ringel. Ihr Kieselchen ist gestorben. Sie ist ganz friedlich eingeschlafen.« Ich hockte mich neben ihn und versuchte ihn mit meinen Worten zu erreichen. Zu beeindruckend war das Schauspiel vom Vorabend. Der alte Mann blickte nur kurz zu mir herüber, schaute durch mich hindurch und wandte sich lächelnd wieder seinem Tablett zu.

Vielleicht würde er es ja doch irgendwie begreifen und wenn nicht, dann sollte auch das so sein. »Gute Reise, Kieselchen! Eure Liebe ist immer noch irgendwie da.«

Kinder begegnen dem Tod

Viele Menschen glauben, ihre Kinder vor Krankheit, Tod und Sterben eines Angehörigen beschützen zu müssen. Das halte ich persönlich für nicht gut. Kinder haben eine ganz natürliche Neugier. Fragen wie: »Warum kann die Oma nicht mehr alleine essen?«, »Wieso hat Onkel Albert einen Schlauch am Arm?« oder »Was passiert jetzt mit Opas Körper?«, sollten beantwortet und nicht vermieden werden. Man sollte die Kinder Anteil haben lassen. Auch an der eigenen Traurigkeit. Erst dann, wenn ich einem Kind das Gefühl gebe, dass eine Sache so unerträglich schlimm ist, dass ich es davon ausschließen muss, bauen sich lebenslange Ängste auf.

Traurig zu sein, ist nicht schlimm. Es gehört zum Leben wie glücklich sein auch. Und auch Verluste gehören dazu. Sie miteinander zu teilen, stärkt mehr, als sie zu umgehen.

Die Oma ist schon sehr alt oder der Onkel leidet unter einer schweren Krankheit? Das kann und sollte man sagen. Kinder wissen doch längst, dass selbst die einzigartigste Mama und der stärkste Papa nicht wirklich alles (heilen oder) verhindern kann. Der Großvater stirbt und man kann nichts tun, als traurig sein und dann damit zurechtkommen.

Vor gar nicht allzu vielen Jahren war es völlig normal, dass Menschen im Kreise ihrer Familie starben. Kinder bekamen das Sterben und die Tränen ihrer Eltern mit. Sie sahen den Opa oder die Oma, wie sie blass, aber ganz ruhig tot im Zimmer lagen. Der Tod hatte nicht den großen Schrecken, der vor ihnen verborgen werden musste. Kleine Kinder spielten neben dem Bett, in dem der Verstorbene aufgebahrt lag, während die Verwandtschaft und Freunde bei Abschiedsbesuchen ihm die letzte Ehre erwiesen.

Und auch bei der Beerdigung standen sie bei Menschen, die ihnen sagen konnten, warum was passierte. Dass der Opa oder die Oma oder ein anderer ihnen bekannter Mensch nun dort bleiben würde – auf dem Friedhof.

Letztendlich kennt jeder sein Kind am besten und die Entscheidung obliegt den Eltern. Es ist nur so, dass das Nicht-Erleben natürlicher Dinge weit mehr ängstigt als die vorübergehende Traurigkeit und die gefühlvolle Erklärung, warum es nun ohne den geliebten Menschen weitergehen muss. Der Tod gehört zum Leben wie das Geborenwerden. Und zwar der Tod, wie er eben passiert, und nicht, wie die Kinder ihn sonst nur aus dem Fernseher kennen. Mit Gewalt, Schmerz und Horrorszenarien. Zu wissen, dass man leise stirbt. Zu sehen, dass man danach nicht wie ein Monster heimlich bei Nacht und Nebel verscharrt wird, das ist beruhigend. Beruhigender als das, was sich sonst in der Fantasie abspielt.

Die Kupplerin im Sterbebett

Mit meiner Tasse Kaffee in der Hand stand ich vor der Tafel im Flur, die die Veranstaltungen des Tages anzeigte. Sitztanz, gemeinsames Backen, Kaffee und Kuchen in der Cafeteria.

Ich atmete durch. Gleich wollte ich mich noch einen Moment zu Herrn Polanzcec setzen, bevor ich endlich nach Hause käme. Dort wartete bereits wieder ein nur halbherzig aufgeräumter Haushalt und mindestens drei Stunden Computerarbeit auf mich, bevor die Kinder kämen.

Ich drehte mich mit meiner Tasse nach rechts, als ich aus Richtung der Kaffeeküche gerufen wurde. Es war Gabi. Meine Tochter Noémi und ihre Tochter Martina besuchten dieselbe Klasse im Gymnasium. Gabi half im Heim bei der Essenseingabe und dort, wo eine helfende Hand gebraucht wurde. Ihre Eltern hatten beide auf dieser Station gelebt und der Wohnbereich war ihr bestens bekannt. Als ich mich wieder abwenden wollte, um zu meinem Patienten zu gehen, schaute sie mich mit großen Augen an und fragte, ob ich auch mal kurz bei Frau B. hineinschauen könnte. Ich schüttelte den Kopf. »Bitte Gabi, nicht heute. Ich bin ohne Ende platt.«

»Bitte. Nur einen Moment. Sie ist so eine Gute. Und sie könnte dich wirklich gut gebrauchen.«

»Gabi, ich habe Hedda betreut, war bei Frau Kriemer, bin jetzt bei Herrn Polanzcec. Ich kann echt nicht mehr. Außerdem hat sie doch Familie, die regelmäßig kommt. Ich werde Tabitha nächste Woche zu ihr schicken.«

Ich stand mit zwei erhobenen Händen vor ihr, in der Linken meine halbvolle Kaffeetasse.

»Nur fünf Minuten. Bitte. Nicht Tabitha. Geh bitte du da hin. Gerade ist einer ihrer Söhne dort. Er weiß Bescheid.« Sie schaute mich so an, dass ich ihr diesen Wunsch nicht abschlagen wollte. Gut. Fünf Minuten. Hätte ich geahnt, was aus diesen fünf Minuten wird und wie sehr Gabi mit ihrem Wunsch, diese Patientin zu besuchen, mein Leben verändert, dann hätte ich nicht eine einzige Sekunde gezögert. Oder ich hätte das Zimmer trotz allen Bittens nicht betreten.

Für zwei Minuten setzte ich mich auf das rote Sofa im Gang und trank meinen Kaffee aus. Dann stand ich auf und räumte die Tasse in die Spülmaschine. Was sollte schon geschehen, dachte ich dabei. Es war eine Patientin. Ich würde sie begrüßen, mich mit dem Sohn unterhalten und dann entscheiden, ob ich die Betreuung übernehme oder mit Tabitha tausche und *sie* würde ihre Hospizhelferin werden. Dann bliebe ich bei Herrn Polanzcec.

Das Zimmer, in dem Ernestine B. lag, kannte ich bereits. Die Dame, die das Zimmer vor ihr bewohnt hatte, gehörte ebenfalls zu meinen Patientinnen. Einmal atmete ich noch tief durch, dann betrat ich den kleinen Raum.

Auf dem Stuhl vor dem Bett saß ein netter Mann, der gleich aufstand und mich begrüßte. Er wüsste, wer ich sei, man hätte mich schon angekündigt. Innerlich schüttelte ich leise den Kopf. Gabi schien es wirklich wichtig zu sein, dass ich hier lande. Dann bat er mich, Platz zu nehmen, und stellte sich selbst ans Kopfende des Bettes. Ich weiß nicht, was es war, aber mit dem ersten Lächeln der Patientin stellte sich überhaupt nicht mehr die Frage, ob ich sie übernehmen werde. Ich setzte mich neben sie und nahm ihre Hand. Es war so, als ob alles genau so sein sollte, wie es war. Wenn man es in Worte fassen mag, dann muss man sagen, es hat laut und hörbar »klick« gemacht. Ich sprach mit ihrem Sohn, der seine Mutter zweifellos gern umsorgte, dem die Situation aber deutlich unbehaglich war. Ernestine war vor ein paar Tagen gestürzt und hatte sich eine oder zwei Rippen gebrochen. Sie hatte Schmerzen und lächelte dennoch. Nicht eine Sekunde ließ sie meine Hand los und in der folgenden Stunde ließ ich mir alles erzählen, was ich wissen musste.

Als Tabitha am nächsten Tag kam, sprachen wir über die Situation auf der Station. Ich bat sie, Herrn Polanzcec zu übernehmen, und Tabitha sagte ohne zu zögern zu.

Ich hatte eine neue Patientin. Ernestine B. aus dem Zimmer in der Mitte des Ganges.

Was unsere Bindung ausmachte, wusste ich nicht, aber ich hatte das Bedürfnis, ihr jeden Tag ein bisschen bunter, freundlicher und fröhlicher zu gestalten. Sie war schwer dement, aber sie strahlte eine spürbare Freude aus, wenn sie mich sah. Es dauerte ein bisschen, bis ich begriff, an welchen Stellen sie die Dinge durcheinanderbrachte. Dann sprach sie über ihre beiden Brüder und ihren Vater und dass sie die drei sehr liebte. In Wirklichkeit meinte sie aber ihre beiden Söhne und ihren Mann.

Ernestine und ich gingen oft spazieren. Das heißt, ich schob ihren Rollstuhl entweder die kleine Runde hinter dem Heim und dem Gymnasium entlang oder eine etwas größere durch den ganzen Ort. Immer erklärte ich ihr aufs Neue, wo wir gerade waren und wie die Straßen hießen. Und immer wieder freute sie sich über die ihr völlig unbekannten Wege.

So ist es eben mit der Demenz. Alles neu. Jeden Tag. Und wenn man Glück hat, dann ängstigt es den Patienten nicht.

Ihren älteren Sohn traf ich hin und wieder im Heim. Er wohnte im Ort und konnte sich durch seine Pensionierung die

Zeit nehmen, viele Stunden bei seiner Mutter zu verbringen. Ihr jüngerer Sohn war mir nicht bekannt. Wir hatten unterschiedliche Besuchszeiten. Ich wusste nicht mehr über ihn, als dass er rund fünfzig Kilometer entfernt wohnte. Das einzige Mal, dass ich ihn wahrnahm, war bei einem kurzen Besuch auf der Terrasse des Heimes. Er trug Radsportsachen und saß mit seiner Mutter vor Kaffee und Kuchen.

»Hallo, ich bin Manu. Ich bin die Hospizhelferin Ihrer Mutter und komme sie besuchen.« Wir reichten uns kurz die Hand. »Ernestine, wie schön, dass Sie Besuch haben. Dann komme ich ein anderes Mal wieder.« Ich hatte mich vor ihren Rollstuhl gehockt, damit sie mich besser sehen konnte, und strahlte sie an. Ich war immer froh, wenn die Patienten Besuch aus der eigenen Familie bekamen. Und diese alte Dame hier war geradezu beseelt durch die Anwesenheit ihres Sohnes. Da wollte ich nicht länger stören. Außerdem gab es mir die Zeit, mich um meine Arbeit und meinen Haushalt zu kümmern. Er ist sicher ein netter Mensch, wenn sie so an ihm hängt, dachte ich mir. Ansonsten konnte ich mich schon Minuten später an nicht viel mehr als an Radsportkleidung und einen festen Händedruck erinnern.

Ich genoss die Regelmäßigkeit, mit der ich Ernestine besuchte, und die Tatsache, dass sie nicht unmittelbar vor ihrem Ende stand. Die Spaziergänge, die Nachmittage mit Kaffee oder Weißwein im Heim, die Gespräche mit ihrem älteren Sohn und das Halten ihrer schmalen Hand, wenn es nichts zu sagen gab.

Es waren Wochen in Ruhe vergangen, als sich der Zustand von Ernestine plötzlich rapide verschlechterte. Ich tauschte mich viel mit ihrem älteren Sohn aus, der nun noch häufiger bei seiner Mutter war. Es schien fast, als ob er die Ruhe an ihrer Seite der Rastlosigkeit zu Hause vorzog. Nun aber wich die Ruhe einer tiefen Sorge. Durch ihren Zustand wurde immer wieder das Thema Krankenhaus aufgeworfen. Für mich ein rotes Tuch, auch wenn ich die Unsicherheit kannte, die Krankheitszustände für Angehörige auslösten. Ich versuchte zu beruhigen. Vor allem, wenn ich merkte, dass sich die Brüder nicht einig waren, was sie tun sollten. Ich würde einer Untersuchung im Krankenhaus nicht im Wege stehen, aber ich war nicht glücklich darüber.

»Mutter hat morgen einen Termin im Krankenhaus. Sie wird vor acht Uhr im Heim abgeholt. Rudi wird herkommen und mit ihr mitfahren.« Die Worte von Ernestines älterem Sohn weckten Übelkeit in mir. Alte Menschen zu medizinischen Untersuchungen zu bringen, verursachte immer größten Stress.

Ich schaute zu Ernestine, die ahnungslos und dösend im Bett lag. Und ich zögerte nicht einen Moment. »Wann kommt der Krankentransport? Ich werde sie begleiten.«

Mir wurden Uhrzeit und Zielkrankenhaus genannt. Auch die Handynummer des Bruders wurde mir notiert. Ich würde mich später bei ihm melden. Es wäre übergriffig, mich der Fahrt ins Krankenhaus anzuschließen, wenn es ihm nicht recht wäre. Ich hoffte, dass er es zulassen würde. Wir kannten uns ja kaum und nichts ist intimer, als solche Stunden und Erlebnisse miteinander zu teilen.

Noch bevor ich eine SMS an Ernestines jüngeren Sohn schicken konnte, rief er mich an. Ich war heilfroh, dass er nicht nur akzeptierte, dass ich ihn und seine Mutter am nächsten Tag begleiten wollte, sondern dass es ihn irgendwie zu beruhigen schien. Aber mich beruhigte die anstehende Fahrt kaum. Ich machte mir große Sorgen um die kleine und zierliche Dame im Bett, die nicht wusste, was ihr am nächsten Morgen bevorstand.

Ich kam früh. Ab 7:30 Uhr mussten wir mit der Ankunft des Krankenwagens rechnen. Schon kurz nach sieben war ich da. Rudi auch. Wir begrüßten uns und ich holte die Unterlagen und Nachweise für das Krankenhaus aus dem Schwesternzimmer. Ernestine war kein bisschen aufgeregt. Ihr geliebter Sohn war bei ihr. Es kam mir so vor, als hätte sie mit ihm die Welt umsegelt, ohne einen Moment darüber nachzudenken. Da war eine Reise im Ambulanzwagen offenbar nicht weiter der Rede wert.

Rudi und seine Mutter saßen mit einem der Sanitäter im hinteren Abteil des Wagens. Ich nahm neben dem Fahrer Platz. Wir unterhielten uns über seine Arbeit, die Fahrten unter Blaulicht, andere Autofahrer und schwierige Einsätze. Erst kurz vor der Ankunft am Krankenhaus fragte er mich, ob mein Mann schon einen Rücktransport für die Patientin angefordert hätte. Ich begriff nicht gleich. Dann wusste ich, was er meinte.

»Das ist nicht mein Mann und ich bin auch nicht die Schwiegertochter. Ich bin bloß ihre Hospizhelferin. Ich begleite sie, weil ich sie mag.«

Wir stiegen aus. Und mir graute vor den nächsten Stunden.

Jeder Mensch, der Ernestine grüßte, wurde von ihr freundlich zurückgegrüßt. Sie lächelte alle an. Ohne Vorbehalte und ohne Angst. Zu dritt warteten wir darauf, dass sie zur Behandlung gerufen wurde, und ich werde nie vergessen, wie entsetzt sie war, als sie spürte, dass sie untersucht wurde. Ihr Sohn und ich haben sie die ganzen Minuten über gehalten und versucht, sie zu beruhigen. Ich wünschte, ich hätte ihr diese Momente abnehmen können. Ihr, mir und ihrem Sohn ebenfalls.

Als wir endlich das Behandlungszimmer verließen, hatte ich Kopfschmerzen und dankte der Gnade der Demenz, dass Ernestine bereits jetzt die letzten Minuten zu vergessen schien. Von einem Krankenhausmitarbeiter wurde uns der Rücktransport zum Seniorenheim für die Mittagszeit bestätigt. Wir würden mindestens bis 12 Uhr warten müssen. Das bedeutete noch fast drei Stunden. Am liebsten hätte ich uns einfach ein Taxi bestellt, um hier so schnell wie möglich rauszukommen, aber das war natürlich nicht möglich.

Das Bett, in dem Ernestine lag, wurde an eine Wand im Flur des Krankenhauses geschoben. Ich zog mir einen Stuhl an ihre Seite und ihr Sohn setzte sich an das Fußende des Bettes zu seiner Mutter. Vor und hinter uns waren Paravents, die uns ein bisschen vor den Blicken der vorbeiziehenden Patienten und Besucher schützten. Und so kamen wir ins Reden.

Rudi war stark erkältet. Immer wieder blieb ihm die Stimme vor Heiserkeit weg, aber das tat unserem Gespräch kaum Abbruch. Wir fanden heraus, dass wir im selben Jahr geboren waren, und wunderten uns darüber, denn wir hatten einander jünger eingeschätzt. Wir sprachen über unsere Kinder und unsere Berufe. Er war Lehrer an einer Realschule.

Passt irgendwie, dachte ich mir. Vermutlich Sportlehrer. Aber das war falsch. Mathe und Physik. Ich musste lachen und tat so, als ob ich das Krankenhaus mit dieser Information sofort verlassen müsste. Waren Mathe und Physik doch absolut die beiden Fächer, an denen ich zu Schulzeiten hartnäckig und grandios gescheitert war. Er lachte mit. Ich war irritiert. Sein Lachen ließ mich ihn etwas verunsichert anschauen. Ich mochte sein Lachen. Und genau das irritierte mich. Wir unterhielten uns weiter. War ich nervös? Ja? Warum? Keine Ahnung. Wir sprachen nun darüber, wie wir in unserem Leben enttäuscht worden waren. Unsere beiden Familien waren auseinandergebrochen. Nicht, weil wir es so wollten, sondern weil sich unser jeweiliger Ehepartner für ein neues Lebensmodell entschieden hatte.

In der ganzen Zeit streichelten wir abwechselnd Ernestines

Hände oder Füße. Je nachdem, wo wir eben saßen. Und sie war hellwach und strahlte abwechselnd ihren Sohn und mich an. Es schien, als ob sie jedes Wort verfolgte und es ihr gefiele, uns zusammen zu sehen. Als ich von ihrem lieben Gesicht auf- und wieder zu Rudi hinüberschaute, bekam ich Herzklopfen. Grau meliertes kurzes Haar, graue Augen und ein Lächeln, das mir direkt und ohne Umschweife ins Blut ging. Sofort schaute ich wieder weg. Ach du grüne Neune. Was für ein attraktiver Mensch.

»Ich habe Hunger. Magst du auch etwas? Also … äh ich brauche einen Kaffee.« In meiner Handtasche kramte ich nach meinem Portemonnaie. Ob er meine Fragen überhaupt beantwortete, weiß ich gar nicht mehr. Ich strich Ernestine kurz über den Kopf, stand auf und ging, ohne mich umzudrehen, hinauf zum Haupteingang des Krankenhauses.

Ich brauchte einen Moment frische Luft. Vor den Schiebetüren der Klinik schien die Sonne. Ich stützte mich auf meinen Beinen ab und atmete tief durch. Was sollte das? Ich hatte meinen Fokus nie auf etwas anderes als auf meine Patienten gerichtet. »Reiß dich zusammen, Manu! Das ist bloß der Sohn einer Patientin. Durchaus attraktiv und unfassbar sympathisch, aber das war es auch schon. Basta!« Ich versuchte, mich wieder zur Räson zu bringen, richtete mich auf und ging zum Kiosk der Klinik. Zwei Kaffee, Butterbrezen, Nussschnecke und Wasser. Dann ging ich zurück. Eine Stunde würde uns noch bleiben, bis wir endlich abgeholt werden. Die würde ich auch noch überstehen.

Ich machte drei Kreuze, als die beiden Männer den Gang entlangkamen, die nach der Patientin Ernestine B. suchten, um sie zurück ins Seniorenheim zu bringen. In den letzten Minuten war ich permanent zwischen Schweißausbrüchen, nervösem Gekicher und hektischem Erzählen irgendwelcher

Geschichten gependelt. Die Grenze zur Peinlichkeit hatte ich meines Erachtens bereits mehrfach und mit beiden Füßen überschritten.

Im Krankenwagen saß ich wieder vorn. Immer wieder schaute ich nach hinten zu meiner Patientin und ihrem Sohn. So froh ich war, dass bei Ernestine nichts Bösartiges gefunden worden war, so nervös war ich über die Art und Weise, wie ich ihren Sohn Rudi wahrnahm. Bei aller Anziehung wollte ich eigentlich nur noch eines. Weg! Und zwar so schnell wie möglich. Im Heim brachte ich die Unterlagen aus dem Krankenhaus ins Schwesternzimmer, während Rudi seine Mutter in den Speisesaal brachte. Sie würde noch etwas zu essen bekommen, auch wenn wir etwas spät dran waren.

»Bleibst du noch?« Ich stellte diese Frage nur, um überhaupt irgendetwas zu sagen. Als er bejahte, hatte er sicher nicht damit gerechnet, dass mir mein Fluchtreflex bereits im Nacken saß. »Gut! Dann kann ich ja schon mal los.« Rasch umarmte ich seine Mutter und verabschiedete mich freundlich von ihm und verschwand dann, ohne noch bei einem anderen Patienten vorbeizuschauen, in Richtung Ausgang.

Anstatt direkt nach Hause zu gehen, lief ich noch ein bisschen zum See. Ich brauchte einen klaren Kopf und musste nachdenken. Das fehlte mir gerade noch. Ich selbst befand mich in einer Beziehung, die bereits hoffnungslos an ihre Grenze gekommen war. Vor längerer Zeit hatten wir uns anfangs auf beruflicher Ebene kennengelernt und seitdem pendelte ich nicht nur zwischen meinem Zuhause und dem Altenheim, sondern auch noch nach Norditalien und zurück. Mein Freund wollte, dass ich langfristig zu ihm nach Italien ziehe, und ich weigerte mich vehement. Er war verständlicherweise nicht gewillt, ewig eine Fernbeziehung zu führen, und ich wollte nicht die Dinge aufgeben, die ich hier hatte. Abgesehen davon, dass ich ein Wortmensch bin und mich – egal, wie gut ich das Italienische beherrsche – darin niemals so mitteilen kann, wie ich es möchte, wäre auch meine Hospizarbeit betroffen gewesen. Den Vorschlag, in Notfällen den nächsten Flieger zu nehmen und dann ins Heim zu gehen, diskutierte ich gar nicht weiter. In Notfällen wollte ich in fünf Minuten da sein können. Nicht erst auf einen freien Flug warten, um nur noch rechtzeitig zur Beerdigung zu kommen. So war es auch meine Berufung, die mit ein Grund war, sich gegen diese Beziehung zu entscheiden. Wer weiß, vielleicht sollte es genauso sein. Allerdings bin ich auch Pragmatikerin. Ich glaube nicht an Liebe auf den ersten Blick. Und wenn ich es täte, würde ich noch Monate brauchen, um dieses Gefühl zu verifizieren. Alles keine großen Ziele in dieser Phase meines Lebens. Ich war irritiert, okay, damit konnte ich leben. Das würde sich sicher auch wieder legen.

Diese Rechnung hatte ich allerdings nicht mit Ernestine gemacht. Bei Kaffee und Kuchen, beim Aufstehen und Zu-Bett-Gehen, nach dem Mittagsschlaf und wann immer es ihr in den Sinn kam, nahm sie von nun an meine Hand und redete über ihren jüngsten Sohn. Es waren keine wirklich sinnvollen Gespräche, aber sie schaute mich an und sagte immer wieder: »Der Rudi ist der Beste.« »Der Rudi ist der Tollste.« »Der Rudi kann alles.« Sie liebte ihre beiden Söhne, aber die Idee, ihren Jüngsten an meiner Seite zu sehen, schien sich bei ihr im Kopf fest verankert zu haben. Demenz hin oder her.

Erst Wochen nach unserer Fahrt in die Klinik sah ich ihren Sohn dann wieder. Er besuchte seine Mutter mit seinen drei Töchtern. An irgendeiner Stelle erwähnte das mittlere der Mädchen dann, dass ihr Vater eine Freundin hatte. Für mich ein weiterer Strich auf der ›Finger weg!‹-Seite. Ich wich nicht direkt aus, aber ich versuchte auch nicht, ihm über den Weg zu laufen. So ging es weitere Wochen. An einem Tag schlief ich erschöpft an Ernestines Bett ein, heilfroh, dass der arme Herr Polanzcec seinen letzten Weg mit Tabitha geschafft hatte. Als ich aufwachte, fühlte ich, dass Ernestine ihre Finger unter meine Wange geschoben hatte. Sie ließ mich quasi auf ihrer Hand schlafen, so wie sie andersherum schon häufiger meine Hand beim Einschlafen unter ihr Gesicht gezogen hatte.

Und dann entschied Ernestine, auf ihre ganz eigene Art und Weise, dass sich – was auch immer sich da entwickeln sollte – nicht schnell genug entwickelte.

Es war Ende August. Rudi war bereits seit zwei Wochen mit seinen Töchtern auf Korsika und würde noch eine Woche fortbleiben. Die Tatsache, dass er nicht von seiner Freundin begleitet wurde, tat besser, als ich es mir eingestehen wollte. Am Tag hatte ich seine Mutter besucht und alles schien ruhig. Am Abend dann bekam ich einen Anruf aus dem Heim. Ernestine sei gerade eben vom Notarztwagen abgeholt worden. Es ginge ihr schlecht. Mir blieb fast das Herz stehen. Die Erinnerung an meine Patientin Elisabeth und ihren einsamen Tod im Krankenhaus erschreckte mich zutiefst. Ich sagte den Kindern Bescheid, dass ich noch einmal losmüsse, und fuhr so schnell ich konnte zu Ernestine ins Klinikum. Auch aus der Tatsache, was passierte, wenn ich mich als Hospizhelferin outete, hatte ich gelernt. Außerdem war sie mir ja ohnehin schon so viel mehr, als nur eine Patientin. Abgehetzt kam ich an der Notaufnahme an, wo ich nach meiner Identität gefragt wurde. Mir war bekannt, dass man die Frau von Rudis Bruder ebenfalls erreicht hatte und sie vor Ort war, also sagte ich ohne zu zögern, dass ich die andere Schwiegertochter sei. Und auch, wenn es eine Lüge war, hatte ich es richtig gemacht. Wurde ich doch sofort zu ihr gelassen und von den Ärzten informiert. Um Überraschungen vorzubeugen rief ich Rudi an. Ich sagte ihm, dass ich aus dem gegebenen Grund hier im Krankenhaus nun seine Lebensgefährtin sei, und fragte, ob es okay für ihn wäre. Er lachte. Es war nicht nur okay für ihn, sondern richtig gut. Er bestätigte unsere Verbindung auch telefonisch gegenüber den Ärzten. Und zu meiner Schande muss ich gestehen, dass es sich auch für mich richtig gut anfühlte.

Es dauerte Stunden in dem kleinen Abteil der Notaufnahme, bis Ernestine in ein Zimmer gebracht werden konnte. Ich blieb noch eine Weile, fragte, wann am nächsten Tag die Visite sei, und erst, nachdem ich sicher war, dass Ernestines Zustand stabil war, machte ich mich auf den Heimweg.

Der Tag war voll, ich war müde und ich war verwirrter denn je. Von da ab ging ich jeden Tag mindestens einmal in die Stadt ins Krankenhaus. Ernestine freute sich und die Ärzte hielten mich für eine der aufmerksamsten Schwiegertöchter, die sie je erlebt hatten. Außer mir konnte Ernestine keinen Besuch erwarten. Ihr älterer Sohn war aus familiären Gründen im Norden der Republik unterwegs und Rudi im Urlaub auf Korsika. Wann immer ich sie besuchte, zeigte ich ihr die Fotos ihrer Söhne und ihrer Enkelkinder auf dem Handy. Und jedes Mal strahlte sie über das ganze Gesicht. Und sie begann wieder mit ihren Lobeshymnen über ihren jüngeren Sohn. Ihr Zustand besserte sich rasch.

Jeden Tag informierte ich Rudi telefonisch über seine Mutter. Er hätte den Urlaub sofort abgebrochen, wenn ich ihm gesagt hätte, dass sie ihn brauchte, aber ich konnte ihn beruhigen. Es ging ihr besser denn je. Er wusste, dass er sich auf mich verlassen konnte.

Es war ein Freitag, als er dann wieder zurück war. Mit seinem alten VW-Bus durfte Rudi nicht bis zum Krankenhaus fahren. Er parkte den Wagen etwas weiter weg auf einem Parkplatz, wo ich auf ihn wartete. Auf den wenigen Kilometern bis zur Klinik brachte ich ihn auf den neuesten Stand, was seine Mutter betraf. Und dann gingen wir hinauf zu ihr.

Ernestine freute sich unbändig, als sie ihren Sohn sah. Natürlich hatte ich ihr jeden einzelnen Tag heruntergezählt, bis sie ihn wiederhätte, aber die Demenz hat die Vorfreude nicht wirklich zugelassen. Rudi umarmte seine Mutter im Bett und freute sich, dass alles so war, wie ich gesagt hatte. Mehr Lebensgeister denn je. Appetit und Wachheit.

Als der Arzt zur Visite hereinkam und uns als Eheleute begrüßte, zog Rudi mich an sich, küsste mich und meinte, dass er großes Glück hätte, dass sich seine Frau in den letzten Tagen so viel Zeit für seine Mutter genommen hatte. Der Arzt bestätigte ihn. Ernestine strahlte über das ganze Gesicht und mein Herz fühlte sich an, als ob es gerade einen 220 Volt starken Stromstoß erhalten hätte. Ich konnte mir nicht mehr viel vormachen. Ich hatte mich verliebt. Was für eine Katastrophe.

Der Sommer ging, der Herbst kam und Ernestine lag schon lange wieder in ihrem Bett im Seniorenheim. Rudi besuchte sie regelmäßig und ich passte meine Besuchszeiten nun den seinen an. Wir gingen gemeinsam mit seiner Mutter spazieren, tranken Kaffee und Wein und genossen unsere Nähe, wenn darüber hinaus auch nicht viel passierte.

Es war der 4. November, als Rudi und ich wieder gemeinsam bei seiner Mutter saßen. Alles fühlte sich genauso richtig wie falsch an. Mit einem Mal nahm Ernestine Rudis und meine Hand und legte sie übereinander. Dann legte sie ihre beiden schmalen, blassen Hände darüber, schaute abwechselnd von ihm zu mir und sagte ohne jedes Pathos, aber dennoch mit viel Gefühl: »Ich habe euch beide sehr lieb.«

Sowohl Rudi als auch mir fehlten die Worte. Später erzählte er mir, dass sie ihren Söhnen zwar jederzeit ihre Zuneigung und Fürsorge gezeigt hatte, ein »Ich habe dich lieb« hätte es aber nie zuvor gegeben. Es war wie ein Segen, aber sollte es so sein? Ich wünschte es mir. Aber wollte ich es wirklich?

Ich beschloss, die Dinge zu genießen, wie sie eben kamen. Rudi versprach, sich von seiner Freundin zu trennen, und ich wollte auf meiner Seite ebenfalls loslassen für diesen Neuanfang.

Wieder vergingen Wochen. Es wurde Winter.

Im Dezember kündigte sich an, dass auch Ernestines Lebenszeit begrenzt war. Eine Entzündung im Ohr, Probleme mit der Verdauung, Schwierigkeiten mit dem Kreislauf. An Momente außerhalb des Bettes war nicht mehr zu denken. Jeden Tag saß ich über Stunden bei ihr. Oft mit ihrem ältesten Sohn. Häufig auch mit Rudi.

Auf weitere Untersuchungen würden wir verzichten. Mittlerweile entschieden wir uns schon fast so, als gehörte ich tatsächlich zur Familie. Es würde bald zu Ende gehen. Ich wusste das. Und ihre Söhne wussten es auch.

Der nächste Tag. Wieder saßen wir zu dritt am Bett. Wir schwiegen, lachten, sprachen miteinander und ich erklärte, wie die Zeichen zu deuten waren, die Ernestine uns gab. Die Griffe ins Leere, das Seufzen, das Lächeln.

Ich weiß nicht mehr, warum und wem es so wichtig war, aber wir riefen einen Pfarrer für einen letzten Besuch. Der junge Mann, der kam, war sicher kein schlechter Mensch, aber die Hartnäckigkeit, mit der er von Schuld, Sühne und Hölle sprach, ließ Rudi, seinen Bruder und mich immer wieder Blicke austauschen, die nur eines sagten: »Wann ist das Ganze hier endlich vorbei?« Sogar Ernestine, die die letzten Tage ohne wahrnehmbares Bewusstsein in ihrem Bett verbracht hatte, wurde unruhig, als wollte sie sich gegen diese Worte wehren. Wir waren alle froh, als der Geistliche ging. Viele, viele Male zuvor hatte ich die Entspannung durch eine Letzte Ölung verspürt. Dieses Mal war ich nicht glücklich. Aber was soll's? Die Dinge waren, wie sie waren. Der Geistliche hatte Ernestine nicht gekannt. Man konnte ihm nichts vorwerfen. Rudi und sein Bruder begleiteten ihn nach draußen.

Ich weiß nicht, was mich antrieb, aber ich stand auf, setzte mich an Ernestines Seite, ganz nah an sie heran.»Mama Erna, deine Jungs sind da. Auch ich bin und bleibe da. Mach dir keine Sorgen. Ich werde dafür sorgen, dass es keinen Streit gibt. Du kannst jetzt gehen.«

Was dann passierte, treibt mir heute noch die Tränen ins Auge. Ernestine, die seit Tagen kaum noch die Augen geöffnet oder sich gezielt bewegt hatte, hob die Lider und schaute mich direkt an. Ein letztes Mal. Sie lächelte und nicht nur das. Sie löste ihre Finger von der Decke und umfasste meine rechte Hand.

Ein Danke, ein Abschied, tausend Worte in einem Augenblick. Dann lockerte sich ihr Griff und ihre Augen fielen wieder zu. Ich war fassungslos und wusste nichts zu sagen. Nichts zu denken. So etwas hatte ich nie zuvor erlebt.

Es war neun Uhr abends, als sich Rudi und sein Bruder verabschiedeten. Ich würde noch bleiben. Ein, zwei Stunden bloß. Und dann würde auch ich gehen.

Acht Uhr am nächsten Morgen. Die Atmung sagte mir eindeutig, dass der Tag gekommen war. Zum ersten Mal hatte ich Angst vor diesem endgültigen Moment. Ich setzte mich zu ihr, weinte ein bisschen und beschloss, die Schwester zu bitten, ihr die Atemwege abzusaugen. Es würde sie nicht mehr stören. Aber es würde ihr die letzten Stunden erleichtern.

In einer ersten Nachricht schrieb ich ihrem älteren Sohn: »Es wird heute so weit sein. Wenn du deine Mutter so in Erinnerung behalten willst, wie sie gestern war, dann solltest du zu Hause bleiben. Ich werde bei ihr sein. Über diesen Punkt hinaus.« Sofort kam der Rückruf. Er würde kommen. Es war ihm wichtig. Es war gut. Es war seine Entscheidung. Dann schrieb ich dieselbe Nachricht an Rudi. Auch er würde kommen. Er bräuchte mehr Zeit, denn die Kinder waren bei ihm und er würde sie erst zu seiner Ex-Frau zurückbringen müssen, aber er würde kommen. Und so saß ich an Ernestines Bett, die schwer, aber noch gleichmäßig atmete, und begann mich zu verabschieden.

Eine Stunde später war ich nicht mehr allein. Der ältere der beiden Brüder saß neben mir. Er war ruhig und ergriffen. Vor wenigen Jahren hatte er das Sterben seines Vaters nur knapp verpasst. Dieses Versäumnis belastete ihn jeden Tag. Ich wünschte ihm, dass er dieses Mal im Moment des Abschieds an der richtigen Stelle sein konnte. Wieder schwiegen oder sprachen wir leise miteinander und ich erklärte, was welches Zeichen bedeutete. Irgendwann stand er auf. Er müsste kurz ins Bad. Nur einen Moment.

Ich war zu verblüfft, um irgendetwas zu sagen. Mit einem Mal war mir sonnenklar, dass genau das der Augenblick sein sollte. Kaum hatte er das Zimmer verlassen, änderte sich Ernestines Atmung. Ich riss die Tür auf und rief den Namen ihres Sohnes. Er konnte mich nicht hören. Die WCs waren jenseits des Flures. Ich ließ mich zurück auf meinen Stuhl fallen, sprang wieder auf und setzte mich an Ernestines Seite. Eine Hand hinter ihren Kopf, eine an ihrer Hand. Gut. Wenn es so sein sollte, dann musste ich es akzeptieren. Die Atmung setzte aus. 21, 22 ... noch ein Atemzug. Mir liefen die Tränen über das Gesicht. Ich würde sie nicht aufhalten. Wieder ein sekundenlanger Aussetzer. Noch ein Einatmen. Die Tür öffnete sich und ich zog ihren Sohn an der Hand zu seiner Mutter. Legte seine Hand in die ihre. Ein letztes Ausatmen.

Ernestine war tot. Sie hatte es geschafft, ihrem Sohn den

letzten Atemzug zu schenken, sodass er diesen letzten Moment nicht wieder verpasste. Und sie hatte es geschafft, ihn vor dem eigentlichen Sterben zu verschonen. Ich war müde. Müde und traurig. Und ich schrieb Rudi eine Nachricht.

»Sie hat es geschafft. Deine Mutter ist soeben eingeschlafen.«

Danke Ernestine. Für die Zeit an deiner Seite. Für deine Zuneigung und für diese Familie, die du nun auch zu meiner gemacht hast. Danke. Von Herzen.

Unsere Oma Berl ist gegangen

Manche Menschen nehmen einen Stellenwert im Leben anderer ein, den man so nie vermutet hätte. In diesem, meinem Fall war es meine damalige Vermieterin.

Ich werde nie vergessen, wie sie mir das Haus überließ, als ich alleinerziehend mit den beiden Kindern auf ihrer Terrasse saß, um mich vorzustellen. Meine Schwester war mit ihren Kindern nach Landshut gezogen und das Haus, in dem wir ganz am Anfang gemeinsam gelebt hatten, war uns zu groß geworden. Außerdem wollte ich ein bisschen weiter Richtung Stadt. Das Pendeln ging jedes Mal von der Zeit mit meinen Kindern ab. Dies wollte ich reduzieren. Nicolas war sechs und Noémi gerade drei Jahre alt. Mein Sohn trug bei der Bewerbung um die Wohnung seine Lederhose und Trachtenhemd, meine Tochter eines der Dirndl, die ich ihr genäht hatte, und zwei lange Zöpfe.

Noch im Auto hatte ich mich nach hinten gedreht.

»Ich brauche jetzt Kinder zum Angeben.«

Beide nickten. Sie wussten, dass es manchmal schwierig war, so allein mit Kindern etwas zu erreichen, und »Kinder zum Angeben« bedeutete super braves und ruhiges Verhalten. Es war ein bisschen wie schauspielern. Und so saßen die beiden jetzt nebeneinander bei unserer späteren Vermieterin und ihrem Mann. Ganz still waren sie, die Hände auf dem Schoß, und sie antworteten bloß, wenn sie etwas gefragt wurden. Es ging um viel. Um unser nächstes Zuhause.

Irgendwann schlug sich Oma Berl, wie wir sie später nannten, mit beiden Händen auf die Knie. »Was hast du denn mit diesen beiden Schranzen gemacht? Ihr seid doch Kinder. Ihr müsst herumspringen.«

Nicky und Noémi schauten mich irritiert an. Ich hob die Schultern. Ich wusste auch nicht, was ich sagen sollte. Zu oft hieß es: »Alleinerziehend mit zwei Kindern? Nein danke!«

»Jetzt steht ihr zwei aber mal auf und erkundet den Garten. Ich habe einen so schönen Garten. Da vorn gibt es einen Baum zum Hochklettern. Und nun springt!«

Noémi glitt ganz langsam vom Stuhl. Nicky war noch vorsichtig.

»Ja, los! Jetzt flitzt!« Oma Berl lachte laut und klatschte in die Hände. Ab jetzt sagte sie immer wieder, wenn die Kinder sich zu uns setzen wollten, was es im und ums Haus noch zu entdecken gab. Es dauerte keine Stunde und wir drei hatten die resolute Frau und ihren ruhigen Mann ins Herz geschlossen. Und sie uns ebenfalls. Und noch am selben Tag hatten wir damals den Mietvertrag bekommen.

Im Laufe der Jahre passte Oma Berl immer mal wieder auf die Kinder auf, holte sie von Kindergarten und Schule ab und war bei Kommunion, Firmung und anderen Festen dabei. Als ich im Garten ein Kinderhaus baute, kamen sie und ihr Mann zum »Richtfest«.

Sie hatte selbst drei Kinder geboren, zwei Söhne und eine Tochter, aber der Sohn, der nur wenige Tag vor mir zur Welt gekommen war, war mit siebzehn bei einem Unfall verstorben.

Damals lebten sie selbst noch in dem Haus, das ich jetzt mit den Kindern bewohnte. Oma Berl sprach nicht oft darüber, aber sie litt jeden Tag unter dem Verlust ihres Sohnes. So etwas hört wohl nie wirklich auf. Irgendwie schien es, als ob sie mich ein kleines bisschen zu ihren Kindern zählte. Warum auch immer. Es fühlte sich nicht falsch an. Ich pflegte den Garten und den Rosenstrauch, den sie vor vielen Jahren gemeinsam mit ihrem Mann angelegt hatte. Ich liebte das Haus. Auch, wenn es überall ein bisschen zog und wir den einen oder anderen Wasserschaden hatten.

Als Oma Berl erkrankte, dachte ich mir nichts dabei. Die Frau war, bei aller Herzlichkeit, zäh wie Leder. Eine schwere Rückenoperation vor ein paar Monaten hatte sie weggesteckt, als ob es ein eingewachsener Nagel gewesen wäre.

Sie war – selbst krank – immer für mich da. Und ich für sie. Auch wenn ich nicht viel Zeit hatte, besuchte ich sie im Krankenhaus, in der Rehabilitation und zu Hause.

Jedes Mal, wenn ich sie verließ, war ich stolz darauf, wie stark sie alles trug, was sich ihr in den Weg stellte. Für mich war sie unschlagbar.

An einem Wochenende, als meine Kinder bei ihrem Vater waren, nutzte ich die Zeit, um meine Mutter zu besuchen. Sie wohnte etwa eineinhalb Stunden von mir entfernt und wir verbrachten die Stunden damit, eine Blumenausstellung zu besuchen. Im Anschluss streiften wir noch durch ein Möbelhaus, das kurz zuvor eröffnet hatte. Als mein Handy summte, dachte ich mir nichts dabei. Ein guter Freund war am Telefon.

»Ist alles okay bei dir?«

Seine Frage wunderte mich.

»Ja, klar. Was gibt es?«

»Oma Berl ist heute im Krankenhaus gestorben.«

Ich blieb mitten im Gang stehen und versuchte zu atmen.

»Woher weißt du das?« Ich bekam schlagartig eine riesige Wut auf diesen Anruf. Nicht auf den Inhalt oder den Anrufer. So dumm es war, dachte ich einen Moment lang: »Wenn ich nicht ans Telefon gegangen wäre, dann würde Oma Berl noch leben.«

Ich fragte noch kurz nach den Umständen. Dem Wo und dem Wie, aber er konnte mir diese Fragen nicht näher beantworten. Ich legte auf. Minutenlang muss ich still mitten im Möbelhaus gestanden haben. Als mich meine Mutter fand und ansprach, wäre ich am liebsten fortgelaufen. Einfach nur weg hier. Von dem Ort, wo ich diese entsetzliche Nachricht bekommen habe. Irgendwohin, wo es ganz einfach nicht so war, dass jemand völlig unerwartet starb. Mein Hirn schlug Kapriolen. Ich kannte das. Von anderen.

Es war gut, dass wir mit dem Wagen meiner Mutter unterwegs waren. Ich hätte keinen Meter fahren können.

Ja, ich mochte Oma Berl, aber dass es mich derart aus der Bahn werfen würde, hätte niemand vermutet. Auch ich nicht.

Am Abend saß ich immer noch heulend auf dem Sofa meiner Mutter. Sie wusste nicht, was sie tun sollte. Ich war im wahrsten Wortsinne untröstlich. So reichte sie mir einen Amaretto, dann noch einen und einen weiteren.

Natürlich war Alkohol keine Lösung, aber er lähmte zumindest kurzfristig die Geschwindigkeit meiner Gedanken und ließ mich einfach nur noch fassungslos auf der hellblauen Couch meiner Mutter vor mich hinstarren. Mein Zustand veränderte sich nicht. Ich kannte doch die Phasen der Trauer. Warum kam ich nicht weiter? Ich steckte fest in Wut und Erschütterung.

Es war schon nach 22 Uhr, als ich nach meinem Handy griff. Wer konnte mir helfen? Es fiel mir nur eine Person ein. Ich wählte die Privatnummer unserer Einsatzleitung des Hospizvereins und hoffte, dass Angelika noch nicht schlief.

Nach nur zweimaligem Klingeln hörte ich ihre Stimme. Es dauerte einen Augenblick, bis ich wusste, was ich ihr sagen wollte, dann sprudelte es aus mir heraus. Wer verstorben sei und was das gerade mit mir machte. Dass ich gar nicht genügend Likör zu mir nehmen kann, um diesen Schmerz nicht zu fühlen, und dass ich vor Wut die ganze Zeit schreien könnte. Und dann fragte ich sie: »Angelika, was sagen wir den Angehörigen und Hinterbliebenen von unseren Patienten? Ich weiß es nicht mehr.«

Angelika blieb die ganze Zeit ruhig und hörte mir zu. Dann nahm sie sich fast eine Stunde Zeit, um mit mir zu reden, mich zu trösten und zu beruhigen. Bis zum heutigen Tag bin ich ihr dankbar. Und wenn ich damals gewusst hätte, dass auch Angelika weit vor ihrer Zeit sterben würde, hätte kein Amaretto der Welt mich noch beruhigen können.

Am Tag der Beerdigung sammelte ich die Bilder ein, die die Kinder für Oma Berl gemalt hatten. Dann schnitt ich eine Rose vom Strauch, den sie vor so vielen Jahren vors Haus gepflanzt hatte.

Der Friedhof war nicht weit. Wenn das Haus ein weiteres Geschoss gehabt hätte, dann hätte man ihn vermutlich sogar über die anderen Dächer hinweg sehen können.

Jeder Schritt fühlte sich an, als würde ich in die falsche Richtung gehen. Es war ein sonniger Tag, aber ich fror. In der Aussegnungshalle bat mich Opa Berl nach vorn in die erste Reihe zu sich und den Kindern. Als Hospizhelferin setze ich mich in der Regel weiter nach hinten. Aber in diesem Fall war ich privat vor Ort. Und betroffen.

So saß ich dort bei der Familie. Ganz nahe an dem Eichensarg, dem Foto, auf dem sie lachte, den vielen Blumen und neben ihren Kindern. Die Bilder in meinem Schoß waren schon ganz knittrig. Ich zog eine Packung Taschentücher nach der anderen aus meiner Tasche. Die Traurigkeit nahm einfach kein Ende.

Die Grabstelle kannte ich schon. Auf dem Stein standen bereits die Namen der Eltern von Oma Berl und der Name ihres Sohnes. Es war ein Familiengrab.

Gleich nach ihrem Mann, ihrem Sohn und ihrer Tochter trat ich ans Grab, warf die Rose und die bunten Bilder, die meine Kinder für Oma Berl gemalt hatten, hinab und blieb ein paar Sekunden stehen. Dann ging ich ein Stück des Weges zurück. Auf einer Bank sitzend verfolgte ich, wie sich die Gesellschaft langsam auflöste. Ich würde ein wenig später nachkommen zu Kaffee und Kuchen, aber in diesem Moment brauchte ich ein bisschen Ruhe.

Manche Menschen geraten scheinbar völlig unvermittelt und als Nebendarsteller in das Leben von anderen. Aber wenn sie es verlassen, ist die Lücke, die sie hinterlassen, weit größer, als man es je hätte vermuten können. Ich wünschte Oma Berl eine gute Reise und schaute dann in den Himmel. Keine Wolken mehr. Es würde ein sonniger Tag bleiben.

Hospizhelferin:
Sensibel oder abgebrüht?

Es gibt über ehrenamtliche Hospizhelfer viele Meinungen. Die meisten sind falsch. Weder haben wir vor lauter engelsgleichem Tun und Selbstlosigkeit verborgene Flügelchen auf dem Rücken, noch eilen wir als Boten des Todes von Patient zu Patient und sehen zu, dass er rechtzeitig stirbt. Wir begleiten Schwerstkranke und Sterbende und versuchen, noch so viel Leben in die letzten Tage zu bekommen, wie es eben geht. Wir entlasten Familien und sitzen mitunter nur lange und schweigend am Bett, damit sich jemand nicht allein fühlt. Und wir tun es freiwillig und ohne dafür Geld zu bekommen oder gar zu verlangen. Ich werde nicht müde, in Gesprächen Missverständnisse auszuräumen, Ängste zu nehmen und immer wieder darauf hinzuweisen, dass es uns Hospizhelfer überhaupt gibt. Ich erkläre gern, dass man unsere Hilfe in der Regel unentgeltlich in Anspruch nehmen kann, wir niemanden zu irgendetwas bekehren wollen und auch nur kommen, wenn es erwünscht ist. Dass kein Hospizhelfer dem Sterbenden oder dessen Familie noch rasch irgendeinen Vertrag unterjubeln möchte, Spenden sammelt, teure Medikamente vertickt oder Organe für den Handel erpresst, erläutere ich zusätzlich. Das ist alles schon gefragt worden. Leider. Und noch viel mehr. Manchmal reichen hier ein paar Sätze und manchmal drösele ich die gesamte Hospizbewegungs-Geschichte seit Cicely Saunders und dem ersten Hospiz 1967 in London auf. Über Neugier freue ich mich und über einige Dinge schüttele ich heftig und ungläubig innerlich den Kopf. Ein solches Gespräch beginnt gerne mit den Sätzen: »Du bist Hospizhelferin? Das könnte ich nicht. Dafür bin ich viel zu sensibel. Einfach nicht abgebrüht genug.«

Es dauert mitunter sehr lange, bis man verständlich machen kann, dass es höchster Sensibilität bedarf, eine Person, die sich nicht mehr äußern kann, beim Sterben zu begleiten. Niemand zwingt mich zu dieser Tätigkeit. Ich bin Hospizhelferin, weil ich helfen will. Freiwillig.

Oft denke ich darüber nach, wie schön es wäre, wenn viel mehr Menschen ein Ehrenamt ausüben würden. Irgendeines. Das muss nichts mit sterbenden Menschen zu tun haben. Es gibt Ehrenamtliche, die anderen bei der Steuererklärung helfen. Manche gehen für die Nachbarschaftshilfe einkaufen. Andere setzen sich für die Tafel ein und sammeln Lebensmittel für Leute, die sich sonst nichts Gutes leisten können. Man kann für den Nachbarn den Rasen mähen oder seinen Hund ausführen, wenn der sich das Bein gebrochen hat. Man kann einfach mal nachfragen: »Kann ich dir helfen?«

An Möglichkeiten gibt es unfassbar viele.

Einer Dame, die mir einst sagte, dass sie für ›so etwas‹ keine Zeit habe, da sie montags beim Tennis, dienstags beim Friseur, mittwochs mit ihren Freundinnen beim Brunch und so weiter wäre, hätte ich am liebsten vor Zorn die frisch gelegte Dauerwelle geflutet oder einen Glitzernagel abgebrochen.

Aber dann habe ich es gelassen. Es steht mir nicht zu, anderen Menschen zu sagen, was sie zu tun und wie sie ihr Leben zu leben haben. Ich kann niemanden dazu zwingen, sein Leben mit Mitgefühl und Hilfsbereitschaft zu bereichern.

Es wäre Blödsinn zu erwarten, dass jemand gleich nach unserem Gespräch mit wehenden Fahnen in die Hospizbewegung einsteigt und sich ans Sterbebett der Nachbarin setzt.

Ich freue mich aber, wenn ein Mensch sagt: »Das habe ich nicht gewusst. Das gebe ich weiter. Ich kenne jemanden, der deine Unterstützung brauchen könnte.«

Im Gegensatz dazu ist es natürlich traurig, wenn man hört, dass jemand einsam und allein verstorben ist oder mit dem Tod eines Angehörigen gnadenlos überfordert war. Einfach weil er oder sie nicht wusste, dass es Hilfe gegeben hätte.

Ich bin mir durchaus darüber bewusst, dass es nicht jedermanns Sache ist, Hospizhelfer zu sein. Das ist auch völlig in Ordnung so und hat nichts mit Sich-Drücken, Feigheit oder mangelnder Einsatzbereitschaft zu tun. Es ist eine Gefühlssache. Bei manchem sogar fast eine Art Talent. Bei mir ist es schlichtweg Berufung. Und auch sie hat bei mir ihre Grenzen.

In unserem Hospizverein gibt es einige Mitglieder, die in der Kinderhospizhilfe tätig sind.

Dieser Bereich scheidet für mich komplett aus. Nicht weil ich ihn für nicht nötig halte, ganz im Gegenteil, sondern weil ich mit dem ersten Kind, das während meiner Begleitung stirbt, in tausend Teile zerbrechen würde.

Vor vielen Jahren besuchte ich einmal die Kinder- und Jugendonkologie einer Freiburger Klinik. Ich brachte einen riesigen Karton mit Plüschtieren und Spielsachen und freute mich, damit Freude zu bereiten. Die Stärke der kranken Kinder hat mich aber nicht nur berührt, sondern umgehauen. Beispielsweise bekam ein vierzehnjähriges Mädchen einen Plüsch-Delfin. Ihr haarloser Kopf war unter einem bunten Turban verborgen, ihre Brauen waren ausgefallen. Und dennoch strahlte sie mich mit ihrem blassen Gesicht an. Und dann sagte sie: »Wenn ich tot bin, soll die Clarissa den Delfin bekommen. Die mag Delfine auch.«

Das Mädchen wusste, dass es die Klinik nicht mehr lebend verlassen würde, und dachte trotzdem daran, einem anderen

Kind eine Freude zu machen. Ich war höchstens eine Stunde auf der Station und habe Tage später noch Rotz und Wasser geheult.

Ich bin unseren Kinderhospiz-Mitarbeitern unendlich dankbar für ihre Leistung.

Und ich bin jedem Menschen dankbar, der für einen anderen Zeit, Energie, ein offenes Ohr oder eine helfende Hand hat, ohne auf seinen eigenen Vorteil bedacht zu sein. Jede Stunde, jeder Gedanke ist ein Geschenk. Eines, das man nicht kaufen oder bezahlen kann. Ein Geschenk, das von Herzen kommt und ewig bleibt.

*Eine Begleitung
der etwas anderen Art*

Ein weißer Sarg und 440 Punkte

Ich kannte Katarina schon seit ein paar Jahren. Wir waren keine engen Freundinnen, aber wir waren uns von Anfang an sehr sympathisch. Auch, wenn wir beide nicht oft ausgingen, erinnere ich mich, dass wir uns bei verschiedenen Veranstaltungen trafen. Unter anderem sahen wir uns bei einer Hippie-Party und lachten viel miteinander. Da wusste ich noch nicht, wie eng unsere Freundschaft werden sollte.

Mitte 2016 rief sie mich an. Sie fragte, ob ich mit ihr essen gehe. Sie klang fröhlich und ich freute mich. Katarina war wie Sonnenschein. Es war immer etwas heller, wenn sie in der Nähe war.

So kam es, dass ich diese schöne junge Frau bei einem Inder in der Stadt traf und mich auf unser Gespräch freute. Kaum dass wir saßen, lächelte sie mich an und meinte, dass sie wieder Krebs habe. In der Lunge. Ich verstand nicht ganz. Ich hatte überhaupt nicht gewusst, dass sie schon vor wenigen Jahren krank gewesen war und in der Zwischenzeit als geheilt galt. Zwischen Mangolassi und Curry ließ ich mir ihre Geschichte erzählen. Es war für mich trotz aller Erfahrung in diesem Bereich unfassbar, dass ein Mensch mit so viel Glanz in den Augen und Lebensfreude so schwer erkrankt sein konnte. Die folgenden zwei Stunden waren dennoch fröhlich und innig. Sosehr es eben ging.

Nur in einem Moment wurde ich ernst. Katarina wusste, dass ich Hospizhelferin bin. Als sie mich fragte, ob ich mir vorstellen könnte, sie zu begleiten, falls die Behandlung dieses Mal nicht erfolgreich sein sollte, hob ich beide Arme. Ich lehnte ab. Wir waren uns zu nah. Der Gedanke war zu grausam. Außerdem war sie doch ganze elf Jahre jünger als ich. Wir nahmen uns vor, uns bald wiederzusehen, und das taten wir auch. Immer mal zwischendurch und dann auch im Krankenhaus. Katarina arbeitete als Physiotherapeutin in dem Krankenhaus, in dem auch meine Patientin Ernestine lag.

Katarina und ich trafen uns im Flur im Erdgeschoss. Sie war hübsch wie immer. Lange braune Haare, Pony und strahlendes Lächeln. Ohne viele Worte begleitete sie mich in das Zimmer von Ernestine. Während ich deren rechte Hand hielt, nahm Katarina ihre linke. Und sie sprach so, als ob sie nie etwas anderes machte, als mit alten Menschen zu arbeiten, die so wie in diesem Fall stark dement waren. Für andere hätte es vielleicht ein bisschen despektierlich geklungen, aber bei Katarina war es einfach bloß herzlich.

»So eine liebe Omi. Ich freue mich, Sie kennenzulernen. Wir haben aber ein großes Glück, dass wir die Manu haben, nicht wahr?«

Sie wartete keine Antwort ab, sondern lächelte Ernestine freundlich an. Und Ernestine lächelte fröhlich zurück, wusste sie doch gar nicht, wie ihr geschah, nun auf beiden Seiten des Bettes eine für ihr Verhältnis junge Frau sitzen zu haben, die sich um sie sorgte.

Von da an fragte Katarina laufend nach der »Omi«, zumal sie wusste, wie nahe ich ihr über ihren Sohn stand.

Es vergingen wieder Wochen, bis wir uns sahen. In der Zwischenzeit hatte Katarina schon sichtbar abgebaut. Auch ihre Fröhlichkeit litt unter der Behandlung. Die langen Haare wichen einem bunten Turban und der Port für die Chemotherapie war unter ihrem Pullover zu erahnen. Immer, wenn wir miteinander sprachen, hatte die Krankheit ein kleines bisschen mehr von ihr genommen. Aber noch wurde sie medizinisch behandelt.

In meinem Leben geschahen gerade zu der Zeit so viele Dinge, dass ich Katarina an manchen Tagen fast aus den Augen verlor. Im September 2017 meldete ich mich für die Wahl zur Miss 50 plus Germany an. Ich hatte am 9. September die altersmäßige Schallgrenze erreicht und es fühlte sich gut und richtig an. Ich sprach mit nur sehr wenigen Bekannten über diese Anmeldung. Es wäre mir unangenehm gewesen zu wissen, dass einige sich ob meines unerwarteten Eitelkeit-Schubs vor Lachen nicht mehr hätten halten können. Der Kreis der Leute, die von der Wahl wussten, war winzig. Katarina gehörte dazu.

Für sie war ich immer die ›Schöne‹. Sie sagte das stets vor jedem, der es hören oder auch nicht hören wollte. Sie war stolz auf mich und mir war es schon fast peinlich, wenn sie solche Dinge sagte.

Als ich zum Casting der Top 60 nach Frankfurt eingeladen wurde, hatte Katarina nicht den geringsten Zweifel, dass ich es in die nächste Runde der Top 20 schaffen würde. Im Gegenteil. Sie meinte allen Ernstes: »Musst du da wirklich noch hinfahren? Die Leute haben deine Fotos und sie haben Augen im Kopf.«

Sie dachte darüber nach, mich neben meiner Mutter, meiner Tochter und meinem Lebensgefährten ebenfalls zu begleiten. Ich hätte mich gefreut.

Als ich die Bestätigung erhielt, dass ich zu den zwanzig Finalistinnen gehöre, konnte ich Katarina nicht erreichen. Ich machte mir keine großen Sorgen. Bei unserem letzten Gespräch klang sie zuversichtlich. Es würde schon alles in Ordnung sein.

Durch meine Arbeit und die anstehende Wahl hatte ich nun noch ein bisschen mehr zu tun.

Auf meinem Handy-Display sah ich Katarinas Nummer. Eine Nachricht mit Bitte um Rückruf. Mein Tag war überbordend voll geplant. Vom Einkaufen über Gespräche zu Buchprojekten bis hin zu einem Besuch bei Freunden. Ich schrieb ihr schnell, dass ich mich am nächsten Tag melden werde, zog meine Stiefel und den Mantel an und wollte los.

Da kam ihre zweite Nachricht. »Ich brauche nur fünf Minuten deiner Zeit. Kannst du mich bitte bald zurückrufen?« Mir wurde heiß und kalt. Sofort wählte ich ihre Nummer. Was dann kam, zog mir den Boden unter den Füßen weg.

Hatte ich nicht schon tatsächlich damit gerechnet? Wie blind konnte ich denn sein? Ich zog Mantel und Stiefel wieder aus. Die Behandlung von Katarina war eingestellt worden. Sie wurde nur noch palliativ betreut. Katarina würde sterben, und sie sagte es mir so, als würde sie einen längeren Urlaub planen, bei dessen Umsetzung sie meine Hilfe bräuchte.

Sie wollte nicht, dass ihre Mutter und ihre Tochter auf den Kosten der Beerdigung und den Schulden, die in der Zwischenzeit aufgelaufen waren, sitzen bleiben. Sie bat mich einen Spendenaufruf zu verfassen. Und nur eine Minute nach unserem Telefonat saß ich am Computer und schrieb folgenden Text:

»In einem Moment lachen wir und im nächsten holt es uns von den Beinen. Ich werde von meiner Freundin Katarina, die ich von Herzen mag, um Hilfe gebeten. Dieser wunderbaren Frau bleiben im Alter von 39 Jahren nur noch wenige Monate auf dieser Welt. Ihre Tochter ist 13 Jahre alt. Ich weine, weil ich sie als Freundin verliere, und ich weine wegen ihrer Stärke. Mein Anliegen: Die Beerdigung kostet viel Geld und es haben sich durch die lange Behandlungszeit bereits Schulden angesammelt. Wie

kann ich ihr helfen? Es tut so unfassbar weh! Wir Menschen können zum Mond fliegen, aber nicht gesund werden. Wie kann ich Geld für sie sammeln? Bitte helft mir. Ich verbürge mich für sie. Im Herzen ist sie mir eine Schwester. Was kann ich tun? Ich bin immer stolz darauf gewesen, vieles hinzukriegen und selten um etwas bitten zu müssen. Jetzt bitte ich von Herzen. Wer hilft mir, Geldspenden zu sammeln? Wenn diese wunderbare Frau nicht mehr lange leben darf, dann darf sie sich wenigstens um ihre Beerdigung keine Sorgen machen müssen. Es ist unerträglich! Unerträglich traurig. Nicht auszuhalten. Ich hoffe, ich kann ihr wenigstens diesen Teil des Weges leichter machen. Wenn ich ihn schon nicht mit ihr gehen kann.

Herzlichen Dank.«

Dann schickte ich den Text über eine Website ab, auf der man Spenden aller Art sammeln konnte. Ich habe nie zuvor etwas Derartiges gemacht. Allein das Bitten um wirtschaftliche Hilfe war mir fremd. In meiner Naivität ging mein nächster Weg zur Sparkasse. Ich wollte ein zusätzliches Spendenkonto eröffnen. In der Bank klärte man mich dann darüber auf, dass für die Eröffnung eines Spendenkontos Auflagen bestehen, die ich nicht erfüllen konnte. Ich musste mich zusammenreißen, denn die Endgültigkeit in dem Gespräch mit Katarina hatte meine Vernunft nahezu stillgelegt. Am liebsten hätte ich die junge Sachbearbeiterin angebrüllt, dass ihre Auflagen unmenschlich und blödsinnig seien. Mir war übel, als ich die Bank verließ. Kurzerhand stellte ich mein privates Konto für Spenden zur Verfügung. Später sollte sich herausstellen, dass das gar keine gute Idee war. Trotz Überweisungsgrund Spende für Katarina wollte das Finanzamt von mir wissen, was denn da für Überweisungen eingegangen sind. Nun gut. Hier hatte ich Dinge zu klären, aber das war mir zu diesem Zeitpunkt egal.

Von nun an sahen wir uns, sooft es ging. Ich fühlte mich ihrer Mutter genauso nah wie ihrer Tochter. Die beiden waren innerlich und äußerlich derart schöne und wunderbare Menschen, dass es gleich noch viel schmerzhafter war zu wissen, was für ein Verlust hier drohte. Katarina erzählte mir am Telefon von den letzten Worten, die bei der Beerdigung vorgetragen werden sollten. Sie wollte unbedingt, dass ich das übernehme, und ich sagte selbstverständlich zu. Noch am selben Tag schickte sie mir den Text, den sie in einer der unruhigen Nächte geschrieben hatte. Ich druckte die vier Seiten aus. Lesen konnte ich sie noch nicht.

Bei einem unserer nächsten Treffen überreichte ich Katarina dann die ersten Spenden, die eingegangen waren. Dass mir völlig fremde Menschen wegen meiner Spendenaktion Übles unterstellten, verschwieg ich ihr. Eine Frau beispielsweise schrieb mich an, dass man mit »solchen Dingen keinen Schabernack« betriebe. Ich war fassungslos. Aber ich sammelte weiter.

Katarina wollte ihre Mutter und ihre Tochter entlasten, solange sie noch lebte. Und so bat sie mich, mit ihr zum Bestatter zu gehen, um alles, was zu planen war, in die Wege zu leiten. Während unser letztes Treffen noch in einem Restaurant stattfand, war daran nun nicht mehr zu denken. Ich holte sie zu Hause ab und musste feststellen, dass sich diese grässliche Krankheit mit großen Schritten ausbreitete. Wir fuhren in die Stadt. Als Erstes gingen wir zu einem Bestattungsamt. Ich hatte einen Termin gemacht. Freitag zehn Uhr. Wir waren pünktlich. Der Mann am Schalter wies uns jedoch darauf hin, dass er keinen eingetragenen Termin erkennen könne. Gern könnten wir uns aber hinsetzen und unter Umständen ein paar Stunden warten, bis sich jemand um unser Anliegen kümmern würde.

»Sie können auch gern einen Beratungstermin ausmachen,

der ist dann so in etwa sechs Wochen.« Am liebsten hätte ich ihn gepackt und kurz sehr persönlich erklärt, wie es sich anfühlt, wenn man jene sechs Wochen, die er vorschlägt, warten soll, sechs Wochen, die man vielleicht gar nicht mehr hat. Katarina zog mich weg. »Es gibt noch mehr Bestatter. Reg dich nicht auf. Lass uns gehen.« Katarina klang ruhig. Und sie musste fast lachen, weil ich mich so aufgeregt hatte.

Im Aufzug schimpfte ich dennoch noch ein wenig weiter: dass man mir extra einen Termin gegeben habe, meine Nummer sei notiert worden, mein Name natürlich auch.

Auf der Straße konnten wir dann fast wieder lachen. »Die spinnen doch«, meinte ich nur noch und schüttelte den Kopf. Aber Katarina zog mich schon über den Asphalt. Schräg gegenüber befand sich nämlich in der Tat ein anderes Bestattungsinstitut. Wir traten ein. Sie hatten Zeit.

Ich glaube kaum, dass ein Bestatter schon einmal so eine alberne Planung für eine Beerdigung erlebt hat. Bei der Wahl des Blumenschmucks empfahl ich Katarina Kakteen und als es um die Grabplatte ging, wies ich auf eine günstige Betonschicht hin, auf die ich was Hübsches kritzeln würde.

Zwischendurch erreichte mich ein Anruf auf meinem Handy. Die Nummer hatte ich gespeichert. Es war das Bestattungsinstitut, das wir vor ein paar Minuten verlassen hatten. Sie hätten nun doch die Terminbestätigung gefunden. Es täte ihnen leid, und ob wir nicht zurückkommen mögen. Nein, mögen wir nicht, teilte ich kurz mit und legte wieder auf.

Den Katalog mit den Särgen schauten wir gemeinsam an. Es war, als würden wir uns über die Anschaffung eines neuen Laufbandes oder eines Fahrrads informieren.

Als Katarina auf einer Seite einen schönen weißen Sarg entdeckte, rief sie laut, dass das unbedingt ihr Sarg werden müsse. Ganz weiß und glänzend.

»Katarina! Das ist der teuerste Sarg. Das geht nicht.«
»Doch, bitte Manu. Das soll er sein. Diesen will ich haben!«
Vermutlich, um nicht sofort in Tränen auszubrechen, fing ich gleich wieder damit an, sie aufzuziehen. Es war ja nun nicht so, dass wir in einem Schuhgeschäft standen und meine Freundin ein teures Paar Pumps ins Herz geschlossen hatte. Es ging um einen Sarg. Um ihren Sarg. Es ging um Sterben. Um Totsein.

Kurz wies ich noch mal darauf hin, dass ich irgendwoher sicher eine große Tupperdose bekommen würde und das würde für sie absolut ausreichen. Wir lachten beide und der Bestatter hielt uns sicher für bekloppt.

Als wir das kleine Büro verließen, waren wir vorerst zufrieden. Ja, es würde der weiße Sarg sein. Und ja, gelb-weiße Blumen. Ich würde es nicht vergessen.

Das Wochenende der Miss-Wahl näherte sich. Und Katarina ging es immer ein bisschen schlechter. Wir genossen die wenigen Tage, an denen man glauben konnte, dass alles doch gar nicht so schlimm sei. Aber es gab sie kaum noch.

Der Gedanke, dass sie mich nach Oldenburg begleitet, war mittlerweile völlig ausgeschlossen. Selbst kurzfristigere Pläne konnten kaum noch umgesetzt werden, denn eigentlich wollte sie mich gemeinsam mit einer weiteren Freundin bei der Kleiderwahl begleiten. Aber auch das ging nicht. Es ging ihr einfach nicht gut genug.

Hosana Charmite gehörte das Geschäft, in dem ich das Kleid zur Wahl aussuchte. Hosana ist Brasilianerin. Ich unterstützte sie als Model bei Shows und sie stellte mir dafür Kleider für Events zur Verfügung. Auch sie war gespannt, was mit der Wahl da wohl ins Haus stand, und auch sie kannte Katarinas Geschichte. Wenn meine kranke Freundin schon nicht direkt mit dabei sein konnte, dann wollte ich sie auf anderem Wege teilhaben lassen. Wir schickten die Bilder mit der Auswahl an

Abendroben via Handy zu Katarina. Und von dem Kleid, mit dem ich dann im Finale gewinnen sollte, war sie vollkommen begeistert. Warum auch immer, ich hätte jedes Kleid genommen, wenn sie es gewählt hätte.

Am Donnerstag sollte ich nach Oldenburg abreisen. Als ich am Mittwoch noch einmal bei Katarina vorbeischaute, ging es ihr schlecht. Sie hustete viel und war sehr blass.

»Hör mal. Ich weiß nicht, ob ich nicht besser hierbleiben sollte. Du siehst nicht gerade aus, als ginge es dir prächtig.«

Noch immer sprachen wir manchmal so, als ob wir mitten im Leben stünden. »Es ist vielleicht besser, wenn ich in der Nähe bleibe.«

Katarina schüttelte mit dem Kopf. »Nur über meine Leiche!«

Jetzt mussten wir wieder beide lachen. »Du fährst da hin und rockst das Ding. Du wirst ganz bestimmt gewinnen. Das weiß ich ganz genau. Was anderes kommt gar nicht infrage!«

Sie ließ keinen Raum für weitere Diskussionen. Okay. Ich würde fahren. Und ich würde mein Bestes geben.

In Oldenburg angekommen, traf ich nach und nach die anderen Teilnehmerinnen des Wettbewerbs. Zu jeder Zeit nahm ich Bilder auf und schickte sie nach Hause. Mit einer der Frauen hatte ich mich schon während der Vorauswahl angefreundet. Antje und ich machten gemeinsam ein Video, alle winkten in die Kamera und riefen etwas Nettes. Ich schickte es Katarina.

In der Sprachnachricht, mit der sie antwortete, klang sie so aufgeregt und fröhlich, dass ich mir wünschte, sie irgendwie doch noch in den schönen Saal ins Oldenburger Schloss holen zu können. Aber es gab einfach Dinge, die mussten Träume bleiben.

Beim Frühstück kam die Assistentin des Veranstalters zu mir. »Ich habe deinen Spendenaufruf im Internet gesehen.«

Gaby kniete sich neben meinen Stuhl und drückte mir ein Bündel selbst gehäkelter kleiner Söckchen in die Hand. Darin befanden sich Marken für Einkaufswagen. Die Söckchen waren bunt und sahen mit ihrem Anhänger niedlich aus, aber ich wusste im ersten Moment nicht, was das sollte. »Ich möchte etwas Persönlicheres geben als Geld. Du kannst die kleinen Dinger hier gegen Spenden hergeben. Vielleicht bringt es ja etwas.« Dann stand sie auf, umarmte mich kurz und ging wieder zurück zu ihrem Tisch. Ich saß vor meinem Rührei und heulte.

Meine Freundin Anja hatte bei einem Frauenstammtisch Spendengelder gesammelt und jetzt kam Gaby mit ihren Handarbeiten. So viele Menschen waren bewegt von Katarinas Schicksal. Ich war zutiefst berührt. Auch einige Teilnehmerinnen zeigten Herz. Zwei von ihnen kauften direkt einige der Söckchen.

Am Vorabend der Wahl konnte ich nicht schlafen. Es lag allerdings weniger an der Wahl als daran, dass es Katarina schlechter ging. Wir schrieben und telefonierten. Und ich hatte ein schlechtes Gewissen. War ich gerade am richtigen Ort? Die Proben waren für den nächsten Morgen fortgesetzt. Ich musste hin – müde oder nicht.

Am Mittag reiste meine Mutter gemeinsam mit meiner Tochter Noémi und meinem Lebensgefährten an. Ich freute mich riesig. Alles würde schon irgendwie gut werden. Katarina hatte gesagt, dass sie sich wieder einkriegen wird. Und ich glaubte ihr. Heute würde es sicher noch nicht passieren.

Im Laufe des Tages und des Abends stieg dann die Anspannung. Überall waren Kameras, Fotoreporter und Fernsehteams.

Das Team für Haare und Make-up hatte sich zeitlich offensichtlich ein wenig verkalkuliert. Alle Teilnehmerinnen wurden frisiert und geschminkt. Alle, außer ich. Kurzerhand nahm ich die kleine Tasche mit Make-up aus meiner Handtasche und ging mit meiner Tochter in die Küche im Erdgeschoss. Während ich mich dort schminkte, ließ ich mich zum ersten Mal in meinem Leben von meiner Tochter frisieren. Nebenbei interviewte mich RTL zum Thema Hospizhilfe, denn dass ich als Botschafterin für dieses Ehrenamt stand, war mittlerweile nicht neu.

Mit einer letzten Nachricht verabschiedete ich mich bei Katarina in die Show. Sie meinte, dass sie vor Aufregung sterben würde, und ich bat sie, selbiges bitte zu unterlassen. Wieder lachten wir – per Smileys.

Das Opening war glamourös. Alles klappte. Immer wieder schaute ich nach hinten zum Tisch, wo meine Familie saß. Ich war weniger aufgeregt, als ich dachte. Was sollte schon passieren? Es war eine Miss-Wahl, kein Nato-Treffen. Zwanzig Frauen. Alle hatten die gleiche Chance.

Vor dem ersten Durchgang saß ich schon früh wieder hinter der Bühne. Ich war schnelles Umziehen von den vielen Modenschauen gewöhnt. Kurz überprüfte ich nochmal den Sitz von Kleid und Schuhen. War das Rot zu offensiv? Der Ausschnitt zu gewagt? Ich schaute an mir herunter. Nein, es war alles okay. Außerdem wäre es jetzt eh zu spät gewesen.

Die anderen trudelten ein und der Business-Durchgang lief genauso perfekt wie die Eröffnung. Während wir liefen, wurden wir kurz vorgestellt: Name, Alter, Familienstand, Beruf, Wohnort und Hobbys.

Während bei einigen im Bereich der Hobbys Sport, Tanzen, Shoppen oder gar Selfies-Machen im Vordergrund standen, erwähnte Moderator Ingo Lenssen mein 21-jähriges Ehrenamt als Hospizhelferin. Und damit war ich nicht die Einzige. Auch die wunderschöne Sigrid Wolff mit ihrem langen, fast silbernen Haar, war Sterbebegleiterin.

Ich war stolz auf uns beide. Und ich dachte an Katarina. Und daran, dass meine Patienten und Pfleger im Altenheim mir die Daumen drückten.

Nach einem Show-Act kam dann der Finallauf. Wir standen alle in unseren Abendkleidern dicht beieinander hinter der Bühne. Ich freute mich, neben all diesen tollen Frauen zu stehen. Alle über fünfzig – und auch wenn die ein oder andere vielleicht ein bisschen nachgeholfen hatte, waren alle wunderschön und fröhlich.

Erst auf der Bühne merkte ich, dass mein Abendkleid durch das Scheinwerferlicht nicht nur deutlich mehr glänzte, als ich dachte. Es war auch erheblich transparenter als bei den Anproben im heimischen Wohnzimmer oder bei Charmite im Laden. Ich hatte keine Alternative. Es hieß Augen auf, lächeln und durch.

Nach diesem Durchgang warteten wir in der Garderobe auf die Verkündung der Top 5-Finalistinnen. Als der Veranstalter zu uns kam und ein paar einleitende Worte sprach, wuchs die Anspannung natürlich entsprechend an. Es würde dieses Mal keine Top 5 geben, sondern Top 6. Auch gut.

Dann hörte ich, dass neben mir auch noch Antje, mit der ich mich angefreundet hatte, dazugehörte. Die Freude war doppelt groß. Wir lagen uns in den Armen und mussten sofort wieder hinauf zur Bühne.

Mit diesen fünf wunderbaren Frauen auf der Bühne zu stehen, machte mir großen Spaß.

In einem Interview befragten uns die Moderatoren zu unserem Leben. Dass das Thema Hospizhilfe angesprochen wird, war mir dabei keine Überraschung. War es doch etwas, das man mir nicht unbedingt ansieht, das aber mein Leben ausmacht. Kurz erzählte ich davon, dass ich gespiegelt bekomme, die Sterbebegleitung sei etwas, das ausschließlich traurig wäre.

»Natürlich ist es auch traurig, aber wir Hospizhelfer kommen nicht zum Sterben. Wir kommen, um zu leben. Zu leben bis zuletzt. Und wenn Ihnen ein 92-Jähriger im Vorbeigehen auf den Arsch haut und dann kichernd versucht zu flüchten, dann haben wir auch eine ganze Menge zu lachen«, fügte ich an. Und der ganze Saal lachte mit.

Nach den Gesprächen standen wir alle in einer Reihe. Und in einem kleinen Stoßgebet wünschte ich mir – wenn es denn so sein soll und gut für mich ist – zu gewinnen.

Es wurden nur die ersten drei Plätze verkündet. Rang drei hatte 170 Punkte. Michaela bekam die Schärpe umgehängt. 62 Jahre und eine wirkliche Traumfrau. Dann kam Rang zwei an die Reihe. 180 Punkte. Franziska mit ihrer wunderbaren Natürlichkeit.

»Und mit 440 Punkten auf dem ersten Platz …« Ich schloss einen Moment die Augen. Fest hielten Antje und ich uns an den Händen. »… die Startnummer …« Bitte, bitte, bitte, ratterte es in meinem Kopf. »Herzlichen Glückwunsch. Die neue Miss 50 plus Germany ist: Die Startnummer 11! Manuela Thoma-Adofo!«

Ich brauchte eine halbe Sekunde, um zu begreifen, was das bedeutete. Alle Contenance wich einer fulminanten Freude. Statt damenhaft zu reagieren, riss ich den linken Arm in die Luft und tat einen Freudenschrei. Was für ein Abend. Ich bekam eine Schärpe umgehängt und ein Krönchen aufgesetzt. Dann ging es zur Deutschland-Hymne nach vorn zum Rand des Laufstegs. Überall war Blitzlichtgewitter. Ich sah meinen Freund und meine Tochter vor Freude hüpfen. Dann folgte ein Marathon an Interviews und Fotos. Wenn ich nur zwei Minuten für mich gehabt hätte, dann hätte ich gern meine Familie umarmt und eine schnelle Nachricht an Katarina geschickt. Aber so musste das eben ein bisschen warten.

Ich weiß nicht, wann ich dazukam, mit meiner Tochter und meinem Freund hinab in die Garderobe zu gehen und meine Sachen zusammenzupacken. Aber ich weiß, dass es genau 23:06 Uhr war, als ich Katarina die frohe Botschaft bekannt gab. Meine anderen Freundinnen hatten sich schon bei meiner Tochter und meinem Freund über den Stand der Dinge erkundigt und informiert.

Die meisten Kandidatinnen waren gekommen und hatten gratuliert, einige wenige taten sich schwer damit. Sie hatten sich bessere Chancen ausgerechnet. Nachvollziehbar.

Noch bevor ich nach meinen Kleidern griff, um sie in der Reisetasche zu verstauen, nahm ich mein Telefon in die Hand. Der Anruf ging nicht durch, deswegen versuchte ich es mit einer Sprachnachricht. »Katarina, ich habe gewonnen. Ich habe es gepackt«, sang ich ihr förmlich auf ihr Handy. Und nur wenige Sekunden später kam eine Flut von Nachrichten von ihr zurück. Herzen folgten auf viele »Ich bin so stolz«- und »Ich habe es gewusst«-Botschaften. Wie schön wäre es gewesen, wenn du hättest dabei sein können? Real. Nicht nur in Gedanken.

In der folgenden Nacht war an Schlaf wieder nicht zu denken. Es kreiste einfach zu viel Adrenalin in meiner Blutbahn. Um sechs Uhr morgens stieß ich mit meinem Freund und zwei Gläsern Aspirin an. Dann packten wir. Bald könnten wir zum Frühstück gehen.

Zwei Tage später traf ich mich dann mit Katarina. Bei aller Freude war ihr anzusehen, dass sie mit großen Schritten weiter in Richtung Lebensende ging. Wir saßen zusammen und sie meinte stolz: »Jetzt bin ich berühmt.«

Eine Zeitung hatte damit getitelt, dass ich von meiner sterbenskranken Freundin zur Wahl geschickt worden war. Es war ja nicht falsch und wenn damit jeder von der Hospizhilfe im

Allgemeinen erfahren konnte – umso besser. Und alle durften von Katarinas Geschichte wissen. Generierten wir doch auch damit kleinere und größere Spenden, die für die angefallenen Kosten und ihre Beerdigung verwendet werden sollten.

Dass mich drei der Finalistinnen später angriffen, dass ich Katarinas Sterben und meine Tätigkeit in der Hospizhilfe zur Werbung in eigener Sache benutzt hätte, sagte ich Katarina nicht. Es hätte sie nur unnötig verletzt.

Ich bin Botschafterin in Sachen Sterbebegleitung und ich bin stolz darauf. Und zu dem Titel gehörte offensichtlich mehr als nur ein attraktives Äußeres.

Ende November schickte mir Katarina ein Video, in dem sie meiner Tochter zum Geburtstag gratulierte. Ich habe es heute noch.

Es wurde Zeit für weitere Schritte.

Katarina hatte sich entschlossen in ein Hospiz zu gehen. So weh dieser Schritt tat, so richtig war er auch. Hier konnte ich ihr eher als Freundin zur Seite stehen und nicht als Hospizhelferin. Ein großer Unterschied für mich. Der Gedanke, dass sie in ihrer oder in der Wohnung ihrer Mutter starb, war unvorstellbar. Und so schaute sich Katarina gemeinsam mit ihrer Mutter und in ein nahe gelegenes Hospiz an. Ich hatte von diesem Hospiz nur Gutes gehört. Hier wären wir alle sicher gut aufgehoben.

Vor ihrem Umzug besuchte ich sie zu Hause. Ich brachte eine Flasche Prosecco mit. Wir wollten feiern. Uns und das Leben, das uns noch blieb. Mit ihrer Mutter und ihrer Tochter stießen wir an. Was für ein wunderbares Dreigestirn an Frauen sie waren. Ich war stolz, alle drei begleiten zu dürfen. Ab jetzt blieben uns keine zwei Wochen mehr.

Katarina starb in der Nacht nach unserem letzten Treffen. Am frühen Morgen klingelte mein Handy und als ich die Nummer ihrer Mutter sah, wusste ich, was sie mir sagen würde.

Eine Sekunde lang zögerte ich, den Anruf anzunehmen. Ich wollte die Wahrheit, die Gewissheit verweigern. Nur eine Sekunde länger nicht wissen, dass Katarina nicht mehr lebte.

Alles was danach kam, war Ohnmacht, Wut und Traurigkeit. Ich stand auf, zog alle Rollläden hoch, lief hin und her und weinte laut und hemmungslos. Nur hin und wieder konnte mich mein Freund halten und ein wenig ruhiger werden lassen. Wie oft hatte ich von Angehörigen gehört, dass »es einfach nicht sein kann«? Hundertmal? Und genau das ging mir immer wieder durch den Kopf.

Es kann doch nicht sein, dass eine Frau mit 39 Jahren sterben muss? Dass sie ein dreizehnjähriges Mädchen und so viel Leere hinterlässt? Dass eine Mutter ihre Tochter zu Grabe trägt und ich jetzt keine Katarina mehr habe? Alles Fragen, die das Leben mit einem schlichten »Doch« beantwortet.

Die Welt bleibt nicht eine Sekunde lang stehen, wenn jemand geht. Und das ist gut und wichtig so. Egal, wie sehr wir mit der Nachricht eines Todesfalles rechnen, es trifft einen immer seelisch nackt. Man kann sich gegen die Ohnmacht nicht wehren, unabhängig davon, ob man nur ein wenig oder von ganzem Herzen trauert.

Diese lebhafte Frau nun still, blass und tot mit gefalteten Händen vor mir im Hospizbett zu sehen, bricht ein großes Stück von mir ab. Und ganz selten, so wie in diesem Fall, weiß ich gar nicht, ob ich möchte, dass es nachwächst.

Wie mit ihr zu Lebzeiten besprochen, informierte ich ihre und unsere Bekannten über die sozialen Medien, dass sie tot ist.

Ein schlichtes »Leb wohl, Katarina« mit einem Herz dahinter, muss reichen. Ich halte nicht allzu viel von virtuellen Gefühlsbekundungen, wenn es nicht – so wie in der Spendenaktion – einem Zweck dient.

Eine Woche später war die Beerdigung. Katarinas Sarg stand ganz links. Rundherum waren zahlreiche Blumengebinde und Kränze aufgestellt. Rechts von ihr standen vier weitere Särge hinter der großen Scheibe, die an ein Schaufenster erinnert. Auf Friedhöfen in dieser Größe geht meines Erachtens viel Ruhe verloren. Zu viele Beerdigungen am Tag lassen die Einzigartigkeit einer jeden einzelnen fast verblassen. Aber es geht wohl nicht anders.

Draußen tobte das Sturmtief Friederike. Mein Herz aus Blumen mit der gelben Schleife lag in meiner Nähe. »Gelbe und weiße Blumen hätte ich gern. Ganz, ganz viele.« Ich hörte Katarina noch lachen.

In dem großen Kuppelsaal sang der orthodoxe Priester gerade die gesamte Zeremonie. Er hatte eine wunderbare Stimme und es hallte im Raum, als würde ein ganzer Chor singen. Kati, es hätte dir gefallen.

Während ich vorn stand und ihre letzten Worte vortrug, hielt mich ihre Tochter von hinten tröstend und innig umarmt.

Der Wind kam böig und extrem stark. Aber es war trotzdem sonnig. Rund einhundert Menschen zählte der Trauerzug auf dem Weg zum Grab. Ein weiteres Mal wurde gebetet, aber die Kerzen konnten nicht angezündet werden. Der Wind verbläst die Flammen und die Worte des Priesters. Wir sahen Äste herunterfallen. Der schlimmste Sturm seit zehn Jahren, wurde vorhin im Radio gemeldet. Dann wurde der Sarg hinabgelassen. Es war der weiße Sarg, den sie sich ausgesucht hatte.

»Katarina, der ist zu teuer!«

»Bitte Manu, ich will ihn unbedingt.«

»Nein, du bekommst eine einen Meter achtzig lange Tupperbox. Das langt.«

Was haben wir gelacht.

Jetzt war mir nicht mehr zum Lachen. Alles was ich tat,

fühlte sich nach »Funktionieren« an. Der Sarg war unten. So weit weg. Aber irgendwie war sie trotzdem bei uns.

Was sage ich anderen Menschen in dieser Situation? Mir fiel damals einfach nichts ein. Nicht zum Trost für die anderen, nicht zum Trost für mich. Und als wir den Friedhof verließen, stürmte es immer noch.

Warum ich Katarinas Geschichte aufgeschrieben habe? Weil sie es sich gewünscht hätte. Und weil sie nicht vergessen sein soll.

Gute Reise, Katarina, gute Reise. Wir werden dich nicht vergessen.

Mein eigener Weg

Mein Sterben und was ich mir wünsche

Nun, im Prinzip eint uns Menschen immer eines. Ein jeder, der geboren wird, wird sterben. Irgendwann. Früher oder später. In einer Gesprächsrunde im Hospiz wurde einmal die Frage gestellt, wie jeder gern sterben würde. Zur Auswahl standen: A. Im Schlaf, ohne Vorankündigung, von jetzt auf gleich. B. Nach kurzer Krankheit. C. Nach langer Vorankündigung und Jahren der Krankheit oder D. Dement im Krankenhaus.

Die meisten wählten die Version A. Von jetzt auf gleich.

Dann wurde gefragt, wie wir uns das Sterben eines lieben Menschen wünschen würden, wenn es denn unausweichlich wäre. Ob wir für diese Person auch A wählen würden. Nach dieser Frage wurde es erst einmal still.

Wollen wir das? Die Nachricht vom Tod erhalten, ohne dass man sich darauf vorbereiten konnte? Ohne dass man Abschied nehmen konnte?

Vorausgesetzt, dass mich kein unerwartetes Schicksal ereilt, wie ein Zugunglück in der Achterbahn oder ein ausschließlich mich treffender Komet, hätte ich da durchaus eigene Wünsche. Wenn ich mir mein eigenes Sterben ›basteln‹ könnte, würde ich genau dann abtreten, wenn ich zufrieden zurückblicken könnte. Auf meine Kinder und Enkel. Auf meine Errungenschaften und auf meine Fehler. Wenn ich meinen Frieden mit mir gemacht habe und mit denen, die mit meinem Tod leben müssen.

Denn es ist ja letztendlich so, dass der Verstorbene nicht

mehr viel von dem mitkriegt, was danach kommt. Die Hinterbliebenen sind die, die mit dem Abschied weiterleben müssen.

Es wäre schön, dann zu wissen, dass das Ende naht. Durch Krankheit oder Gefühl. Mich verabschieden zu können, das wünsche ich mir. Das muss kein langer Krankenhausaufenthalt sein, nur der Entschluss und das Wissen, dass mein Lebenskreis sich schließt. Vielleicht werden Menschen, die ich mag, bei mir sein, vielleicht ist es mir lieber, allein zu gehen. Sollte ich palliative Unterstützung benötigen, werde ich alles in Anspruch nehmen, was die medizinische Palette mir bietet.

Einmal im Geiste noch durchgehen, wie alles war, und dann die Augen schließen.

Ich würde gern an der Seite des Menschen beerdigt werden, den ich zuletzt geliebt habe, oder ich würde dort eben auf ihn warten. Dementsprechend sollte es wohl eine Erdbestattung sein. Kein Schnickschnack. Ein schlichter Sarg und Musik, mit der keiner rechnet. Als Favoriten hätte ich da z.B. »Do the Hustle« von Van McCoy, und auch Earth, Wind and Fire mit »September«, auch wenn diese Musik nicht unbedingt beerdigungskonform ist. Für den Fall, dass ich entgegen meiner Wünsche als Single-Rentnerin sterben werde, wähle ich ein Verstreuen meiner Asche an einem Ort, wo ich glücklich war. Und nein, das muss kein Schuhgeschäft oder Sushi-Restaurant sein. So, wie einige meiner Patienten hätte ich wohl am Ende auch noch ganz gern etwas zu essen oder trinken, was ich mag. Es müssen keine Spareribs sein, vielleicht tut es auch eine Portion Spätzle mit Soße.

Ich wünsche mir, dass man sich oft und gern an mich erinnert. Dass meine Bücher noch lange nach meinem Tod Leser finden, die schmunzeln, laut lachen oder sich schaudern.

Meine Enkel sollen blöde Witze über ihre Oma reißen und nicht an einen verbitterten Menschen zurückdenken.

Das Geschenk meiner Berufung

Es gibt in Deutschland Hunderte Hospizhelfer. Manche können nur eine Stunde in der Woche aufbringen und verschenken diese an einen sterbenden oder kranken Menschen. Andere verbringen wie ich selbst viele Stunden oder Tage bei einem Patienten. Mein Beruf und die Unterstützung durch meine Familie bringt die nötige Flexibilität mit sich. Das ist mein persönlicher Vorteil und soll der Erwartung vorgreifen, dass andere genauso viel Zeit aufwenden, die dies tatsächlich nicht können. Jedem meiner Hospizhelfer-Kollegen danke ich von ganzem Herzen. Jeder verschenkt das Wichtigste, das er hat, an Menschen, die er meist gar nicht näher kennt. Seine Zeit.

Stunden an Menschen zu verschenken, die aus dem Leben gehen, ist nicht immer einfach, aber es ist eine Aufgabe, die mir mehr gibt, als sie mir nimmt. Und sie ist meine Berufung. Für die ich dankbar bin. Und an die ich immer denke, wenn ich irgendwo hingehe, um dem Sterben noch so viel Leben abzuringen, wie es möglich ist. Eben leben bis zuletzt.

Dank

Ich danke:

Allen Pflegern und Pflegerinnen von alten und kranken Menschen, die mir in meinem Leben begegnet sind. Eure Leistung ist nicht in Gold aufzuwiegen.

Meinen Kindern Nicky und Noémi, die so oft auf ihre Mutter verzichten mussten und sich nie darüber beschwerten. Ihr habt mich zu dem gemacht, was ich bin. Manchmal ein Nervenbündel, aber immer eine glückliche Mutter.

Mutti und meinen Geschwistern Carmen, Ronny, Angela mit Kindern und mittlerweile Enkeln. Auf die Familie!

Rudi, der mich in dem, was ich bin, unterstützt und mich auch liebt und trägt, wenn mich die Dinge überfordern. Deine Mutter hatte völlig recht. Du bist der Beste.

Meinen Hospizhelfer-Kollegen und Mitgliedern des Hospizvereins Kirchheim. Mit euch ging und geht vieles so viel leichter. Ihr seid wunderbare Menschen.

Meinen Freunden und Bekannten und allen Menschen in allen Ländern, die mich im Laufe meiner Lebensjahre begleitet haben. Es ist nicht immer einfach, flexibel darauf zu reagieren, wenn meine Hospizarbeit mit all ihren Facetten stets größte Priorität hatte und weiter hat. Ich danke von Herzen für eure Unterstützung im privaten und wirtschaftlichen Bereich, die manchmal über jedes Maß hinausging.

Und nicht zuletzt meinen Patienten, die mich vieles lehrten. Vor allem, dass es eines gibt, was jeder Mensch kann: geboren werden und sterben.

Krisenzeiten – Kraftquellen

Mit ihrem neuen Buch gewährt die bekannte Trauerbegleiterin Freya v. Stülpnagel Einblick in eigene Krisenzeiten, wie sie immer wieder zurück ins Leben gefunden hat und wie diese Erfahrungen in ihre Arbeit mit Trauernden einfließen. Sie gibt all jenen Trost, die sich in vergleichbar schwierigen Lebenslagen befinden.

www.koesel.de